どんな時代でも生き残る
リーダーの仕事

wedo合同会社代表
都丸哲弘
Tetsuhiro Tomaru

かざひの文庫

はじめに

誰にも言えない経験が、自分を変えた

20代の頃、わたしは会社にクビを切られたことがあります。

その経験はとてもショックが大きく、いまでも鮮明に覚えているほどです。


当時は、恥ずかしくて誰にも言えませんでした。

「ひどい会社だ」と思っていました。

しかし、クビになって5年くらい経ってから、ようやく
「自分には会社に残るべき実力がなかったのだ」

と気づき、愕然としました。


自分の本当の価値を思い知らされた――。

32〜33歳のときのことです。

そのとき、わたしは

「このままでは生きていけない。ビジネスパーソンとしてだけでなく、人としても価値のある存在になろう」

そう心に決めました。

「個人ブランド」を極めることを決める

それ以来、藁をもすがる思いで、たくさん読書をしたのです。

あるとき、たまたま手にとった本のなかで、「個人ブランド」という言葉を知り、自分が個人としてどんな存在でありたいかということを漠然と考え始めるようになりました。

「個人ブランド」とは、言い換えれば自分軸のこと。

ここがはっきりしていないと、何者にもなれない。

そのことがわかってからは、

「まずは自分軸を定めなければ…」

「これからの人生をどう生きるかを徹底的に考えなければ…」

と、日々意識し、少しずつ仕事にも活かせるようになっていったのです。

大学を卒業してから、6社もの企業に勤めました。

インターネット関連の仕事に長年従事してきましたが、うまくいったことも、いかなかったこともあります。

勤め先では、**人間関係で多くの人を傷つけてしまったこともありましたし、仕事の進め方がわからず、ひとりで悩み苦しんだこともありました。**

あまり器用なタイプではなかったので、何かと壁にぶつかり、葛藤を抱えながら日々を過ごしていました。

一方で、身についたものもあります。

勤めていた多くの中小企業では、ひとりで複数の業務をまっとうしなければならないことばかりでした。

その経験が功を奏し、**自分で仕事をまわしていく力、自ら仕事を生み出していく力がつきました。**

サッカー用品の通販サイトの運営に携わっていたときには、ビジネス媒体に表彰されたこともありました。ひとり起業家として、仕事をまわしていくことの醍醐味を味わえたように思います。

突然600名の組織のトップになる

ところが、ある日大きな、転機が訪れました。
2013年、突然に父親が逝去。
わたしが会社を継ぐことになったのです。
まさに青天の霹靂で、戸惑いました。
まったく馴染みのない清掃業界での仕事…。
でも、やるしかない。

それからは、毎日目の前の仕事に向き合いました。
「若いあなたにはわからないでしょう」

と言われたり、

「二代目は苦労知らずでいいよね」

などと揶揄されることもありながら、孤軍奮闘する日々…。


自分にできることはなんでも取り組むという気持ちで業務にあたっていましたが、いつしか、ひとり起業家のように事業を推し進めていくやり方に限界を感じ始め、自分の未熟さを痛感。

一人ひとりのメンバーを活かすリーダーにならなければ、600名の組織をまとめあげることはできないという現実を思い知りました。


それからです。わたしは一度ゼロに立ち返り、これまでの自分を捨て、チームづくりに真摯に取り組むようになったのです。


ひとりでできることは限られています。

いまでは、**個の強みを活かしつつ、チームや組織の力を上げることが、わたしの仕事のテーマ**となっています。

道が拓けたあとに見えてきたもの

リーダーとしての葛藤と奮闘の日々を経てからは、周囲にも認めていただけるようになってきました。ほどなくして社外の方からも仕事の相談を受けるようになり、喜んでいただける機会もぐっと増えてきました。

そんな折、2019年にあるラジオ番組に出演することが決まり、その方のご縁から新たな出会いがあり、出版の機会をいただくことになりました。じつはこのとき、わたしのビジネスは節目を迎えていました。

以前から出版の声はかけていただいていたのですが、自分のなかではまだ早いと思っていました。

ところが今回は、「出版するならこのタイミングだな」と漠然と考えていたときの出会いだったので、わたしは運命的なものを感じ、その場で本を出すことを決断したのです。

次の時代を担うリーダーたちへ

本書には、もがき苦しんできたわたしが、人に気持ちよく動いてもらい、強いチームをつくるためにやってきたことすべてを詰め込んでいます。

リーダーは、孤独に陥りがちです。

皆、悩みながら、もがきながら、目の前の仕事やメンバーたちに向き合っています。

変化の激しい時代を迎え、生き残ることが難しい企業も増えているなか、正解のわからないゴールに向かって、進んでいかなければいけない――。

わたしは、若手のリーダーたちに対峙しながら、かつての自分を見ているように感じることがあります。

少しでもこれからの時代を担うリーダーたちに役立つよう、自分自身が経験してきたこと、そこで得たさまざまな答えを共有したいのです。

本書で解説していること

本書は、次のようなテーマについて解説しています。

- **時代を問わず必要とされる「リーダーのあり方」**
- **折れない心をつくるための「自分の整え方」**
- **チームを最大限活かす「仕組みの生み出し方」**
- **深い信頼関係を築く「メンバーとの向き合い方」**
- **結果を出す組織になるための「チームでの挑み方」**
- **自分のファンをつくる「人とのつながり方」**

誰もが悩んでしまうこと、直面しやすい壁と乗り越え方などについて、事例も交えながら紹介しています。

仕事で悩んでいるリーダー、ビジネスマンはもちろん、二代目・三代目の経営者、管理職として中途入社した方、これからリーダーになる若手の方にも、ぜひ読んでいただきたいと思っています。

新しい見方が、自分を前進させてくれる

たとえば、日々仕事をするなかで、

「ちょっとマイナス思考に陥ってしまっているな…」

「行き詰まっているな…」

「新しいヒントがほしいな」

と感じたときには、ひと呼吸おいて、この本を開いてみてほしいのです。


自分以外の人の考えやスタンスを知ると、意外と自分の悩みは小さいことに気づけたりします。

わたし自身も、本に救われてきました。

自分ひとりでは思いつかなかった視点、解決策を、本を通してたくさん学んできました。

見方や考え方を変えるだけで、いくらでも現実を変えることができます。

新しい見方が、あなたを前進させる力になってくれるのです。

リーダーの仕事は、決してラクではありません。

でも、誰かの批判や愚痴を言いながら一生過ごすのか、どんな困難な環境のなかでも光を見出し、前向きに進んでいくのか。

どんな生き方を選ぶのかはあなた次第です。

本書が、あなたの物事の見方を変えるきっかけのひとつ、明日へ踏み出す一歩となれば、こんなに嬉しいことはありません。

2020年5月　都丸哲弘

どんな時代でも生き残るリーダーの仕事　目次

1章　自分を整える

2章 仕組みを生み出す

3章 メンバーとわかり合う

4章 チームで挑む

5章 人とつながる

1章

自分を整える

1

偉い人ではなくすごい人を目指す

器の大きなリーダーは小さなことを気にしない

偉いではなくすごい人を目指す。

これは、『シンプルに考える』（森川亮著　ダイヤモンド社）という本のなかで、森川さんが語っている言葉です。

森川さんはＬＩＮＥの元ＣＥＯであり、現在Ｃ ＣＨＡＮＮＥＬ（シーチャンネル）という若い女性向けの動画メディア会社を運営しています。

彼は書籍のなかで「**偉い人はいらない。評価されるのはすごい人**」ということをおっしゃっています。

同書には「自分が社内をまわっているときに誰も挨拶をしない。僕はそれでいい」といった言葉もあるのですが、わたしはこの言葉にも強く共感しています。

もちろん挨拶は必要ですが、社長に挨拶することでお客さまをお待たせしたり、後回しにする必要はない、と彼は言いたいのです。

何に優れたすごい人になりたいのか、絶えず考える

偉いかどうかは肩書きで決まりますが、その人の素晴らしさは肩書きではわかりません。ですから「すごい人だよね」と言われる人を目指すべきです。

偉いだけでは、地位を降りたときに、人が離れていきます。

もし所属する組織が崩壊したとき、それぞれの立場が無価値になって、はじめて人は気づくのです。

でも、**すごい人なら、偉いかどうかに関わらず人がついてきます**。

すごい人になりたいなら、「自分は何に優れたすごい人になりたいのか?」ということを絶えず考える習慣を持つことです。

すごい人を目指しましょう。

2 見返りを求めない

貢献は一方通行でいい

「ギブアンドテイク」という言葉が、わたしは好きではありません。そもそも、「与える」とは上から目線ですし、直接的に見返りを求めている感じがします。

「見返りを求めず貢献する」と言うほうがしっくりきます。貢献は一方通行で見返りがないからです。たとえば好きなアーティストの誕生日に花束を贈ったり、理念に共感するＮＰＯに寄付をしたり…といった類のものです。

仕事もこれと同じ。「自分がいいなと思うことや人に対して、一方通行でいい」のです。そうでなければ、貢献自体が損得になってしまいます。

会社は、事業を通して世の中に貢献するためのもの。

「こんなにしてあげたのに、あの人はありがとうのひと言も言わない」という姿勢は、損得勘定で貢献とは言いません。相手に何をしたかは忘れて、貢献し続けること。そうすれば、意図しないところからリターンがあるのです。

貢献を循環させる人に幸運が返ってくる

人付き合いというのは、自分：相手＝１００：０の場合もあれば、逆に、自分：相手＝80：20、50：50というケースもあり、さまざまです。

これは、役割や関係性、そのときのタイミングなどが影響します。比率を気にする必要はありません。全体でバランスがとれていればいいのです。

そもそも、「儲からないからやらない」「見返りがないからしない」というのでは、発想が貧弱で、つまらない人間になってしまいます。

それより、**「いまの自分があるのはまわりの人のおかげ」と感謝を行動で示しましょう**。相手のリアクションや返事などは必要ありません。出し惜しみせずに伝えましょう。これも立派な貢献なのです。

大切なのは、貢献を循環させていくこと。

目先のことではなく、物事を大きな目線でとらえたいものです。

3

物事の9割は5秒で決める

検討はいらない。決定する

検討＝時間をかけるものですが、決定＝時間をかけないものです。

検討がなぜいけないのか。遅くなるからです。そうなると、まわりが動けないので仕事のスピードや品質が落ちて、売上にも影響してきます。

リーダーには、瞬時に物事を判断する力が必要です。限られた情報で瞬時にリスクやうまくいく絵を描いたとき、たとえば「自分のなかで3割ならいこう」などと判断するクセをつけておかなければいけません。

それには、**後回しにせず、いまできることをすぐ決めること**です。

わたしの好きな経営者に、武蔵野という会社の小山昇さんという方がいます。彼は「トップはどんどん決めなさい」とおっしゃっています。

わたしは、物事の9割以上は5秒で決めています。少なくとも、当日中には決める。たとえ迷っていても決めてしまいます。5分で決めることと、1

日考えて決めることというのはじつはあまり変わりません。そうであれば、判断するタイミングを前倒しにして、先に失敗したほうがいいのです。

即断即決がリーダーの仕事

ただ、金銭についての判断は別の話です。

判断に要する時間は基本的に1日がベストだと思いますが、最低でも3日以内だと考えます。**物事は1日、金銭が関係することは3日**です。

先延ばしにして手堅い選択を狙うよりも、「いますぐに行動して失敗したら皆でフォローしよう」というチームワークを見せるほうが、価値も生まれます。

世の中のどんなサービスも、早くて困ることはないはず。遅いと嫌がる人が大半です。「明日やろうはバカやろう」とよく言われます。

即断即決は、リーダーの仕事です。

4

自分にキャッチコピーをつける

自分をわかりやすく伝えることはリーダーの義務

突然ですが、あなたは自分にキャッチコピーをつけることができますか？
自分を商品にたとえるなら、何がふさわしいと思いますか？
自身にキャッチコピーをつけることは、自分の強みを知るうえでとても効果的です。

この1週間で出会った人を思い出してみてください。
その人がどんな人だったか、どれほど強く覚えているでしょうか？
そう多くはないはずです。でも、キャッチコピーがあればどうでしょう。

自分という存在をわかりやすく伝えることは、相手への思いやりです。
加えて、必要とされるチャンスが増え、やりたいことを実行しやすくなるというメリットもあります。

自分の3つの特徴を掛け合わせる

ちなみに、わたしは自分に「情熱ＩＴ坊主野郎」というキャッチコピーをつけています。なぜなら、ＩＴが得意で、情熱的だと思われることが多く、坊主頭がトレードマークだからです。

この3つの特徴は、一つひとつは珍しくありませんが、3つを掛け合わせることでオリジナリティが生まれます。

コンサルタントをしていたり、技術職に就《つ》いていたり…と、人によって職業や肩書きはさまざまです。仕事の名前や会社から与えられた肩書きだけでなく、**あなたという人間を表す表現を書き出してみてください**。

すぐに思い浮かばなければ、インスタグラムで自分を紹介するときにどんなタグをつけるか。こんなふうに考えてみてもいいかもしれません。

思いつく限り、書き出してみましょう。

たとえば、週末のバンド活動が趣味の不動産コンサルタントであれば、「週末ミュージシャン不動産コンサルタント」、コーヒーが大好きでちょっと天然な会計士さんであれば「天然系コーヒー会計士」など…。

キャッチコピーには強み以外に目標も含める

自分の性格や外見、好きなことや得意なこと、本業など3つの特徴や強みをピックアップしてみるとつくりやすいでしょう。

キャッチコピーには、強み以外に目標を入れるのもおすすめです。**目標を入れることで、何をしたい人なのかが周囲にわかってチャンスをつかみやすくなる**からです。

こんなふうに、自分にキャッチコピーをつけてゲーム感覚で楽しんでいるうちに、自分のことも深く知ることができるのです。

キャッチコピーはどんどんブラッシュアップさせる

キャッチコピーは、ずっと同じものでなくてもかまいません。

仕事や趣味嗜好、目標ややりたいことが変われば、その都度変えればいいのです。自分のステージが変わるごとに、どんどんブラッシュアップさせていくようなイメージです。


キャッチコピーをつくったら、名刺に入れておいてもいいですし、ブログやSNSなどの発信にも活かすこともできます。

自己紹介の場にも応用できるでしょう。


自分が何者なのか、何者でありたいのか。

キャッチコピーひとつで集約させることができます。

5

過去の栄光は積極的に手放す

役職がご褒美になる時代は終わった

ここ数十年の世の中のビジネスモデルの変化の速さは、目を見張るものがあります。商品そのものの価値を維持できる期間がどんどん短くなってきているのです。

先日、日本が世界に誇る自動車産業の部品メーカーがほとんど潰れてしまうのではないか、という報道がなされていました。今後、電気自動車に代わっていくと、部品点数がいまの3分の1になるそうです。そうなると、自動車メーカーの下請会社の仕事も激減するかもしれません。

倒産してしまう企業もあるでしょう。

わたしが以前コンサルをしていたある自動車の部品メーカーでは、40年前に入社したときの図面をいまも使っていると聞きました。

しかし、今後は通用しなくなるのです。**業界を問わず、「過去の経験値が**

絶対」という価値観は手放さなければならないタイミングにきています。

これは、組織運営にも当てはまります。

日本の昔ながらの経営手法で運営している企業は、「昔取った杵柄《きねづか》」で大きな権利を得ている人たちで成り立っています。

リーダーは「いま」大きな結果を出せなければいけない

日清食品の社長である安藤宏基さんが自身の著書のなかで、「日本の役職はご褒美だ」と指摘していました。頑張ってきたから部長にする、ということでしょう。

このように、これまでの成果「だけ」が役職に反映されているケースはまだまだ多いと思います。「いまこのときに大きな結果を出せるから部長なのです」ということばかりではありません。

野球でたとえるなら、4番がここぞというときにホームランを打たない。でもそれでOK、というのがこういった組織の特徴です。

もしくは、ホームランの定義が世の中と大きくずれているということも考えられます。

わたしがここで言うホームランとは、**「いま」最適な考え方・やり方で組織を運営できているか**、ということなのです。

過去の成功事例を繰り返すことではなく、いま最適で最善の策やほしい結果を出すことがリーダーの仕事です。

自分のアウトプットの価値を客観的に見てみる

「10年前、俺はすごかったんだぜ」という理由だけで、ご飯を食べる人が増えてしまうと、いまここで成果を出せる人の足を引っ張ってしまうことにもなりかねません。

これはわたしがリーダーとして一番危惧していることでもあります。

大学入試が代表的な例です。日本は「入り口評価」が一般的。入学や昇格がゴールなのです。

でも本来は、その後どうするのかのほうが大切です。

会社でも、役割がありながら、いま価値がなくても勝負できてしまうことが多いように見受けられます。

しかし、今後はそうも言っていられなくなるでしょう。

怖いことかもしれませんが、**リーダーこそ、自分がいまここで成果を出せるのかどうか、自分のアウトプットにどんな価値があるのかを客観的に見つめ続ける必要があります。**

そして、自分より優秀なメンバーを入れること。若手に譲っていくこと。

そんな高い目線を持った選択ができるリーダーになりたいものです。

6

自分をいくらで雇うか、根拠も添えて考える

自分のマーケットプライスを客観的に見る

会社を立ち上げたら、あなたは自分をいくらで雇いますか？

「こんなに夜遅くまで働いているのに、給料が安い…」

という文句をよく耳にします。わたしが

「でも、経営は大変で、雇用する側とされる側には決定的な差があるよ」

と伝えても、なかなかわかってもらえません。

そんなときに、「自分をいくらで雇いたいの？」と質問をすると皆黙りこくります。自身を第三者の目線で見るには最適な質問かもしれません。独立したときのイメージがつくからです。

もし社長になったときに、**自分の持っているビジネスモデル、人脈、お金などを考えると、自分はいくらに相当する人間なのか**。

自分のマーケットプライスを客観的に見る習慣をつけるべきだと、わたしは思っています。

何があっても倒れない自分をつくっておく

もし「50万円だ」と答えるなら、どうして50万円だと言えるのか？　「なぜ？」と問うたときに、経験やスキル、人脈なのか、説明がつかなければその金額に意味はありません。「いや、10年働いているから」と言うのではあまりに薄っぺらいことです。

いまや、肩書きや経験だけで食べていける時代ではなくなりました。

会社が倒産したときに「自分たちの雇用を守ってくれなかった」と、会社に文句を言う人がいるのですが、文句を言ったところで、家族は守れません。

仮に会社が倒れても立っておける自分をつくることが大切なのです。

もし、これがあれば自分の価値を示せるというものがあれば、何かトラブルが起きたときに次に行く方法を用意しておけます。

あなたは自分を、いくらで雇いたいですか？　いくらで雇えますか？

7 本気のときこそ感情を出す

大切なのは感情的になったあと

ビジネスシーンではよく、「感情的になってはいけない」と言われます。これは、正解であり、不正解でもあります。

人間は感情の生き物です。わたしは自分が感情的なタイプということもあり、まったく感情的にならない人のことを信用しません。仕事でもなんでも、本気で取り組めば感情的になることもあります。環境や体調によっても、心は大きく左右されます。感情が動くことは当たり前なのです。

重要なのは、感情的になったあとの心の整え方、相手への配慮です。

たとえば、誰かがミスをして、怒鳴ってしまったとしましょう。相手を必要以上に委縮させてしまったという事実を変えることはできません。

大切なのはそのあとで、まず相手にお詫びをし、冷静になってから生産的に話をしていくのです。これで8〜9割は解決できます。

誰だって感情的になってしまうもの。誠意をもって対応すれば問題ありません。そのほうが、人間味があります。

たまに感情的にはなってもあとで謝る人と、常に感情起伏のない人。

人として信用できるのは、前者ではないでしょうか。

人間味のあるリーダーは信頼される

では、人から感情的な態度を向けられたときはどうでしょうか。

本当に仲が悪ければ仕方ないのですが、そうでない場合には、かならず理由があります。相手が落ち着くのを待って、話を聴きましょう。

「そうだったのか」と納得することがほとんどです。


リーダーは、自他問わず感情と上手に付き合うことが求められます。

感情に任せて、怒り続けるリーダーをよしとする人はいません。

理想は、基本的には冷静で、たまに感情的になる。その後は、きちんとお詫びができる。これくらいが「人間味があっていいね」と言われる最良のバランスと言えます。

8 リーダーこそ、できない自分を見せる

お互いをフォローしようという意識で仕事をする

トップに立つ人は完璧である必要はなく、むしろ、できないくらいのほうがいいでしょう。寛容で、ほかの人に助けてもらうことを厭《いと》わず、ダメな部分を見せてもいいと割り切る。そのほうが、助け合うチームになります。

「この部分はあなたが得意だから」と人に任せられるトップの会社では、メンバーがイキイキと働きます。ですから、わたしは普段からお互いをフォローしようという意識で仕事をしています。

反対に、お互いの弱点ばかり指摘し合っていると、ギスギスしたチームになってしまうもの。解決策が目の前にあるならば、通常は率先して行動をするものです。ところが、残念なチームでは「これはわたしの仕事ではありません」という押しつけ合いが始まります。

悪循環に陥る組織は、スキルではなくマインドに問題があるのです。

トップこそ偉そうにしない、威張らない

最近は20代の若手メンバーでなくても、男女問わず「わたしは一切お酒の付き合いをしません。飲み会には参加しません」と言う人が目立ってきました。過去に会社の飲み会で嫌な思いをしてきた人たちなのでしょう。

反対に、**本当によい組織はファミリーのようになるもの**。

そのためには、トップが偉そうにしない、威張らない、という感覚を持つこと。

わたしが目指しているものは、そんなあり方なのです。

9 ときには「給与は我慢代」ととらえる

仕事の悩みの90％は人間関係

人は結局のところ、人間関係で悩んでいます。

条件に惹かれて入社し、人間関係で辞める。

世の中の人に仕事の悩みを聞くと、90％以上は同僚や上司との悩み、人間関係によるものです。

昇進すればするほど板挟みになり、それで嫌になってしまう。

「人が思い通りに動かない」

「かわいがってきたのに辞めてしまった」

ということがあると、やっていられないという気持ちになるでしょう。

わたしも含めて経営者にはそういったことが珍しくなく、悩みがない人はいません。

いら立ちや怒りを我慢するのも仕事のうち

そんなとき、

「立場が上がるほど我慢することが多くなるから仕方ない」

わたしはそう思うようにしています。

「給料は我慢代だ」

と自分に言い聞かせるのです。


仕事は、すべてが可視化されているわけではありません。心もそうです。

最近サーバントリーダー（組織に奉仕するリーダー）という言葉がありますが、**支援すること＝我慢すること**なのだと思います。


物事が進まないことにいら立ちや怒りを覚えたり、その気持ちをぶつけたくなるのですが、それを我慢するのもリーダーの仕事。

給料のなかに入っていると思えば、「まぁいっか」と思えるものです。

10 問題解決力より問題提起力を磨く

リーダーに求められる能力は変わった

時代が変わると、人や企業に求められることもおのずと変わってきます。

業界を問わず、**いま一番企業やリーダーに求められている力は「問題提起力」**です。言い換えれば、何が課題かを正確に提示する能力のこと。

これまで必要とされてきた課題解決能力とは大きく異なります。

課題解決能力がもてはやされた時代は、課題が明確でした。だから、解決策を提示するだけでお客さまに喜んでもらえたのです。

たくさんの解決方法を知っていること、そしてそれをスピーディに提示することが商品になり、会社は成り立ってきました。

しかし、いまの時代はどうでしょうか?

これまで高い付加価値のあったものが、コモディティ化(一般化)するスピードが加速し、ビジネスモデルや商品力がどんどん短命になっているのです。

「本質的な問題は何か？」を常に考える

たとえば、コンビニエンスストアの商品は、1年間で9割の商品が入れ替わると言われています。そうなると、いまの製造方法や販促の仕方、課題解決方法が、1年後にはすべて古くなるということを意味します。

ですから、求められているのは「どうやって商品を効率よくつくるか」ということではなく「そもそもコンビニエンスストアで売上を上げ続けるには、どんな商品が必要か？」を考えること。

解決策云々の前に、正しい問いかけをし、課題を明確にする力がとても重要な時代なのです。

問題提起力をつけるには、常に「本質的な問題は何か？」を考えるクセをつけること。

「一番の問題は何なのか？」を突き詰めて考えてみるのです。

「そもそも何が問題なの？」

「そもそも何が悪いの？」

という問いに対する明確な答えがまだ見えていないものは、世の中に数多くあります。

多くの企業も、まだそこに着手できていないのです。

そこに踏み込むというのはとてもハードルが高いことですが、チャンスでもあります。本質的な課題がわかれば、これまでになかった解決方法が見つかるからです。

問題提起力は、どんな仕事にも求められる

銀行などの金融業界がよい例でしょう。

これまでは上層部が決めた金融商品を販売することで、すべてがまわってきました。

しかし、現在は
「金融業は今後、何をすれば生き残れるのか?」
という問いが必要になってきています。

あなたがいる業界や働いている企業も例外ではありません。
これまでの解決策がどんどん通用しなくなっている昨今、問題提起能力は、どんな仕事にも求められる強力な武器です。

どんなプロジェクトにあたるときにも、「一番の問題は何か?」を考えることを習慣にしてみてください。

11 メンバーへのアウトプットを欠かさない

報告はリーダーがメンバーにするもの

わたしは昔から、「報・連・相」という言葉が好きではありません。

この言葉は、上下関係の最たるものだと思っているからです。

もちろん、報・連・相自体の必要性はよくわかっています。報・連・相は、情報を共有して課題を解決するための手段です。


そもそもわたしは、世の中の報告の定義に疑問を持っています。

情報を持っている人が持っていない人に共有してその資産を活かす、ということであれば、上も下も関係ありません。報告の頻度が高ければ高いほど、また細かければ細かいほど、皆が共有意識を持ちます。そして、全員が参画しているという意識が高まれば、かならずリスクマネジメントになります。


部下だけに一方的に報告させてばかりいると、経営陣や上司の考えも伝わりません。一番情報発信をすべきなのはリーダー層なのです。

お互い報告し合い、見逃していること、やっていないことを確認していれば、人のせいにしなくなります。

情報共有が当たり前の文化をつくる

情報共有して仕事を進めることが当然だという文化をつくるために、最初はリーダーからどんどんアウトプットします。アウトプットをし続けていると、メンバーたちが少しずつ「色」をつけて返してくれるようになります。やがて改善案などを出し合う風土が生まれ、会話が活発になっていくでしょう。

報・連・相の目的は物事を前に進めることですから、リーダーはできていないことを責めることはしませんし、できるための方法論を語るだけです。

このような文化を根づかせるには、**自分が持っている情報を皆に渡そうという意識をまずリーダーが持つ**ことなのです。

12 オンオフを切り替えない

オンオフを分けないほうが1週間フル稼働できる

人生にオンオフは必要ない。わたしはそう考えています。**生きている以上はずっとオン**です。もし仕事とプライベートを分けるとすれば、比率が変わる程度で、どちらかがゼロにはなりません。

基本的にわたしはメンバーへは電話をせず、メッセージしか送らないようにしています。電話は相手の時間を奪ってしまうためです。お客さまに対しては電話をしますが、メンバーについては、都合がいいときに返信してねというくらいの進め方をしたほうが、お互いにストレスがないと思っています。電話をしないのは、こちらがオンでも、相手がオフだからです。

わたしは金曜日に飲みに行きません。土曜日の朝から1日フル稼働したいからです。家族との時間も増えますし、土曜日の朝に走りたい。金曜日の夜に深酒をしなければ、1週間フル稼働できます。

ひとりの時間を大切にする

ただ、ひとりの時間を大切にしているところはあります。それがわたしにとってのオフなのかもしれません。ひとりの時間の過ごし方を具体的に決めているわけではありませんが、ひとりのほうが進みやすい物事に着手します。

たとえば仕事の場面。事務的なことや、資料を作成する時間が普段ありません。人と会っているか、会議をしているからです。ですから、ひとりでできる仕事にかける時間が基本的にないのです。夜か朝か休日のひとりの時間に進めるのです。

オフ＝安らぎ、オン＝つらい、といった定義が世の中にあります。
でも、リーダーはなかなかそうはいきません。
それなら**いっそのこと、オンオフを分ける必要がない生活をすることのほうが、よほど精神的にラク**なのではないかと思うのです。

13 身体と心を鍛える

忙しいリーダーほど鍛えている

五体満足で生まれ、健康面・仕事面・お金の面で不自由がない人であれば、**自分の力で維持向上させられる一番のことは「健康」**です。

ところが、後回しにしてしまっている人が多いのです。

健康を損なうとすべてのことができなくなってしまいます。

ところが、普段健康な人たちは、その点に気づくことができません。

わたしは年に一度は人間ドックを受診し、10年間ランニングをしています。

だらしない自分への戒めと、心を安定させるためです。行うのは有酸素運動だけ。体力が仕事に必要であり、いざというときにパワーが出るのはやはり体力を蓄えているからです。

経営者は、時間がない人ほど鍛えています。

健康が損なわれては何もできないことをわかっているのでしょう。

運動しているかどうかは表情にも表れる

40歳を過ぎると、運動している人としていない人では、大きな差が出てしまいます。

もし時間がないのであれば、それなりのやり方があります。たとえば移動するとき、わたしはエスカレーターを使わず階段を使います。会社でもできる限り階段を歩くようにしています。これだけでも、男性であれば1年で5キロから6キロくらい体重が下がります。

運動しているかどうかは、表情に表れます。運動して発汗することで自分への自信が深まり、表情に出るのです。

仕事と運動の比率が、本来は80：20くらいがいいと思うのですが、日本のサラリーマンは、おそらく95：5程度ではないでしょうか。

リーダーに健康は不可欠です。

健康に対する考え方や時間を、もっと本気で考えるべきでしょう。

14 何事も無駄な経験にしない

歩みを止めずに動けば解決に向かっていく

人生に無駄な経験はひとつもありません。

自分のとらえ方次第ですが、わたしたちは「あのときはこうだったから、結果的に運がよかった」と思うようなことの連続で生きています。

いま取り組んでいて不毛に感じることも、絶対に役に立つと信じる。覚悟を決めて、乗り越えたり、堪えたり、対峙していく。「いずれはいいことがあるはずだ」と信じてやっていく。それだけです。

繰り返し言い聞かせていると、「それらが全部あったからこそ、いま生きている」と本当に思えるようになります。

わたし自身、何度も鼻をへし折られ、死にたいと思ったこともありましたが、なんとかなるものです。ギリギリの状態を超えるには、動くこと、ためらわないこと。歩みを止めてはいけません。

自分ひとりで抱え込まない

わたしは仕事でよく「ボールを持つな」という言葉を伝えています。
雪だるまをイメージしてみてください。
止まっている状態は、自分で雪だるまをキープしている状態です。
雪だるまは、転がして動かすことで大きくなります。

ずっと持ち続けても雪だるまは変わりませんし、溶けて大きさも減ってしまう。仕事の質も、これとまったく同じなのです。
もともとの大きさ（質）が100だったとしたら、抱えていても変わりません。しかし、**相手に渡すことで倍くらいの大きさになって返ってくることもある**のです。

どんなに厳しいと思うときでも、動き続け、雪だるまを大きくすることに注力しましょう。人生に無駄なことは、ひとつもないのです。

15 不本意な仕事は「試練」ととらえる

「試練」という言葉が心の持ちようを変える

人の役割は必然です。

「好きなことをしたい」
「いい給料をもらいたい」
「やりがいのある仕事をしたい」
といったさまざまな思いがあるなか、わたしは父が亡くなって事業を継ぐという、特異な環境に身を置くことになりました。

怯《ひる》む気持ちがありましたが、やがて、この大事に対応するために生まれてきたのだと思うようになったのです。

そうとらえなければ、弱い自分は先の見えない暗闇のなかを進むことができないとわかっていたのだと思います。

「自分はこの役割を果たすために生まれてきたのだから、逃げずに職務を全うするべきだ」

「これは自分に課せられた試練、もしくは天命だ」

と自分に言い聞かせ、逃げないようにしました。

「どうすればできるか」に思いを馳せる

自分がしたくない役回り、望まずに大きなプレッシャーを感じる役割を引き受けるとき、「嫌だ」「こんなことは馬鹿げている」と言うことは簡単です。でも、そんな場面が訪れたときには「試練」という言葉に置き換えます。

父が亡くなった。会社を継いだ。莫大な税金を払わなければならない。

このようなことを**試練という言葉に置き換えると、心の持ちようが変わる**のです。


ネガティブな思いをもう一歩進めて、どうすれば実現できるのかという会話に終始すれば、問題などはなくなります。

いま向き合っている仕事を好きになる

もうひとつできることがあるとすれば、いま向き合っている仕事を好きになる努力をすることです。これが、もっともしあわせになれる道です。

なぜなら、簡単にほかの職業に就くのは難しいからです。

「現在の仕事のどこを好きになれそうか」

「どうすれば自分が貢献できそうか」

と考えてみましょう。そうすれば、徐々に好きだという気持ちがわいてくるはずです。

ときには自分に暗示をかける

わたしは、父の清掃会社を引き継いだとき、

「この仕事を憧れの職業にしたい」

「孫にこの仕事をさせたいと思える職業に変えていきたい」

と宣言しました。当時、周囲からは笑われました。

根本的な問題は、清掃という仕事に対するイメージが低くて皆苦しんでいるということです。

時給の問題だと言う人もいますが、そうではないと思います。

スターバックスのアルバイトは、最低賃金でも埋まるのです。

その1.5倍の給料を出しても清掃員の募集には応募がありません。

「それがなぜなのか考えればいいじゃないか」

と言い続けました。

コーヒーがなくても死ぬわけではない。でも、掃除がなくなれば人は死んでしまう――。

このようにわたしはこじつけ、「清掃の仕事は素晴らしいではないか」と自分に言い聞かせるようにしたのです。

試練は乗り越えるもの

いまある仕事を好きになる努力をする。

必要とされているからいまその仕事がある。

そう考えることで、不本意な仕事に直面しても、渡り合えるものだとわたしは信じています。


「試練」というのはいい言葉です。皆ポジティブに解釈するからです。

試練は乗り越えるもの。

目の前の厳しい現実を、「試練」ととらえるリーダーでありたいものです。

2章

仕組みを生み出す

16 仕事は準備が9割

事前に全体像を見るクセをつける

仕事は、準備が全体の9割を占めます。

準備が不十分なことで、心の余裕がなくなり、質も下がります。

たとえば、打ち合わせ場所に早めに到着するのと、時間ギリギリに到着して汗をかきながら参加するのとでは、パフォーマンスが変わってくるのです。

全体像を見て準備するクセも、チームでつけたほうがいいでしょう。

会議の目的、ゴールを決めておけば、何を準備しておけばよいかがわかります。結果、短時間で必要なことができるようになるのです。

一方で、準備をしていないと、ただ時間だけが過ぎてしまいます。

その会議で**しっかり成果を出すには「自分が何を準備しておけば、このプロジェクトや物事が動いていくか？」と考え、動くクセをつけること**。

リーダーはこれをチームに浸透させたいところです。

準備をしていると主導権を握りやすい

ゴールが決まれば、ゴールまでの流れも組み立てられます。

可能であれば、アジェンダの準備も当日ではなく事前に投げておき、議題内容の把握は各自終えておいた状態で会議に臨みたいところです。

そうなると、**資料を準備するのは3日前が理想的で、遅くとも前日までに整える**必要があります。

基本的に日本人は受け身の人が多く、意見を出されるのを待っています。

ところが、準備して意見を出すほうが主導権を握りやすいのです。

「仕事は準備に9割」が優秀なチームの鉄則です。

17 1カ月先のスケジュールは今日決める

できるリーダーの予定は、先まで埋まっている

1カ月先の予定を決めるときに「直前にならないとわかりません」という人がいます。先の動きを予測して、スケジュールを立てることに慣れていないのです。

リーダーは俯瞰的な目線で事業を動かしていく立場。おのずと1、2カ月先の予定まで組まざるを得ないので、先の予定を組むことは慣れています。

逆に、予定の見通しが立ってから、直前にスケジュールのすり合わせをすると、結局調整に時間がかかってしまいます。

ましてや、相手が忙しい人なら、時間をとることすら難しいこともあるでしょう。こういった時間調整のロスこそ、避けておきたいものです。

必要のない罪悪感は手放し、まず決めるという習慣をつけましょう。

段取り力も磨かれる

1カ月先の予定を決めることのメリットはこれだけではありません。

仕事の段取り力も磨かれます。

リーダーは、プロジェクト全体の進行管理など、数カ月、数年単位の業務管理を任されることもあります。こんなとき、ひとつの打ち合わせの遅延が進行や品質に大きく影響します。

半年後に試作品を出すために、「先方との打ち合わせは何回必要か？」と、まずは全体の流れを把握し、半年間の日程をすべて決めてしまうのです。

自分の業務管理だけでなく、**チームで納期までに品質の高い仕事するためには、先の動きを見据えたスケジュール管理が不可欠**です。

1カ月先の予定は今日決める。

この習慣を、チームに浸透させたいものです。

18 メンバーにメモをとらせない

伝えたいことはまとめて全員に渡す

メモをとらせるという行為には、根底に上下関係が存在しています。「上司が言っているのだからメモをとりなさい」という構図です。そもそもなぜわたしたちはメモをとるのでしょうか。学校教育のなかで黒板に書いたものをノートに写すという習慣があったからです。

なぜわたしがメンバーにメモをとらせないのか。それは、人によって書き出す内容が違ってきてしまうからです。メモをとらせる目的は、覚えてほしいからではなく、その内容を見て実行し、結果を出してもらうため。ところが、**メモをとった時点でじつはズレが生じてしまう**のです。

ではどうすればいいか。こちらで言いたいことをまとめてそれを全員に渡す。そうすれば全員に同じことが伝わります。リーダーが正確に作成したマニュアルを渡して読ませるのが、最適なマネジメントだと思うのです。

リーダーが質の高いメモを渡せば伝わる

言いたいことをこちらで用意して渡せば、メンバーの心がそろいます。

わたしは、まず頭のなかで整理したものをまとめて渡し、個々の理解度を確認します。そして質問があれば、自分の手元にあるメモを書き直してすべて入れ替えます。そこまでですると、心がそろうのです。

この繰り返しが、組織のマニュアル化につながっていきます。

仕事は覚える必要はなく、参照して実行できればいいのです。参照される情報が不正確であれば、トラブルが起こるリスクが増すことになってしまいます。

いま会社やリーダーが考えていることは何かということを一律化して伝え、それを全員に参照してもらうことのほうが正しいと思うのです。

19 教え込むのではなく、引き出す

リーダーの仕事はメンバーのよさを引き出すこと

社員教育で上司が部下を教育する際、つい学校の先生と生徒のような関係性で教え込んでしまうことはありませんか？

「教育とはそのようなものだ」と教える側も教えられる側も思ってしまっているのでしょう。社会人になっても、そのやり方が継続してしまっているのです。

教え込むばかりのやり方ではメンバーにストレスが生じるうえ、その人がやりたいこと、できることを無視して、会社としてやってほしいことを押しつける環境が増えてしまうのではないかと思います。

適材適所という言い方があります。**会社は社員の能力を借りながら成長しなければいけません**。社員が得意なこと・できることを社員にやってもらうことも含めて、ともにビジネスをしているはずです。

詰め込み式の教育の時代は終わった

仕事では、メンバーに無理をさせてしまうこともあります。
それなら、本人が頑張りたいというところで無理をさせるべきです。
そうすればお互いにストレスがないため、人は頑張るのです。

やりたくないことをずっとやらせ続けていると、人は停滞します。**本人ができること、やりたいことに取り組んでもらいながら、新しいチャレンジをさせる方法をとるのがベスト**です。

教え込む時代は終わりました。
リーダーは、一人ひとりの好き嫌いや得意不得意を把握し、できるだけ好きなことや得意なことに集中できるような環境づくりに力を入れたいですね。

20 売り場ではなく買い場をつくる

顧客目線で考える

よく「商品が売れない」という声が聞こえてきますが、お客さまは買いに来ているのです。

でも、商品をリリースするとき、わたしたちは売ろうとしているので、売る目線になってしまっています。そもそも目線が違うのです。

目線を戻すには、リーダーが**「ここに来るお客さまはどういう人だろう？」とチームで考える**ことを促すこと。

たとえば、朝、子どもを見送ったあとにお店に訪れる主婦の場合、「どういう対応をしたら彼女は買ってくれるかな？」という発想をしなければいけません。

しかし、売上ノルマを持たされて「売らなければいけない」という方策に走ると、金額ありきになってしまいがちです。

ここで顧客目線を見失うのです。

お店都合で売ろうとしても売れない

仕事をするうえでは、お客さまに買っていただくというマインドであるべきです。子ども用の商品は低い陳列棚に並べることもそうです。

お店としては過剰在庫になっているものを早く売りたかったとしても、お客さまがそれを欲しているとは限りません。

涼しくなってきたから温かいものが食べたいのに、お店の都合で在庫のある冷えた商品を出してしまっては、売れないのも当然のこと。

売ろうとすると、つい売り場をつくりがちです。

本当に売れるサービスは、買い場がつくられています。

目線を売り手側ではなく、買い手側に切り替えること。

リーダーは、これをチーム内の共通認識にしたいですね。

21 数字に落とし込む

数字で見える化すると共通化が図れる

提案した事案が通らないとき、よく「上司がいいって言わないんですよ」と言う人がいますが、ひと言で言えば、提出する資料が悪いのです。

納得させられない自分が悪いと自覚しなければいけません。

何かを提案する際には、まずビジョンに則していること、お客さまサイドの意見として伝えることが必要になります。

そしてもうひとつ忘れてはならないのは、数字に落とし込むこと。

「だいたい申し込みは入ると思いますよ」と言って終わりにするのと、「視聴率が何%なので、最低でも5人は来る予測です」と数字に落とし込んで言うのとでは、聞き手の印象は大きく変わります。

数字に落とし込むことで、共通化が図れるのです。

数字にすることで、チームの質も上がる

ある会社を立て直した社長は、就任直後、真っ先に全社員を数値化したと言われています。そうしなければ、客観的に状況を把握できないからです。

ディズニーランドの清潔さの基準は「そこで赤ちゃんがハイハイできるか」だそうです。

また、汚れているかどうかに関わらず、15分に1回、かならず同じ場所を掃くそうです。トイレ掃除は45分おき。彼らは、いまその瞬間が汚いのであれば、汚いと思って掃除します。

「さっき掃除したのに…」とはなりません。

新たな提案は、顧客目線を交え、そのうえで数字に落とし込みましょう。

質の高いサービスを提供できるようになりますよ。

22 メッセージは図＋数字で伝える

抽象的すぎる説明では伝わらない

社長や経営層など、役職が上に上がるほど、メッセージの抽象度もぐっと上がります。より俯瞰的に物事を見ているためです。

ただ、メンバーに抽象的なまま伝えるとどうでしょう？

途端に伝わらないメッセージになってしまうのです。

毎日の業務も例外ではありません。

「資料を、かっこよくつくっておいてくれない？」と伝えて想像と違うものがあがってきた。**指示とはズレたことをされて、結局二度手間になった…。**

これらはすべて抽象的すぎる説明が原因で起こります。

そのうえ、人はよく理解していなかったとしても「わかりました」と言ってしまうものです。「そもそも質問してもいいのかな」「わかっていないのは恥ずかしいことかも…」などといろいろな思いが錯綜するからでしょう。

図+数字でコミュニケーションのズレを防げる

ですから、リーダーや伝える立場にいる人は、具体的に伝えることが大切です。具体的とは、図+数字にすることです。絵を描いてもいいでしょう。「10ページのパワーポイントの資料をいつまでにほしい」と数字に落とし込むことで相手の理解度が高まりますし、ひな形のデザインをこちらで用意するのもいいでしょう。

「かっこいい」「かわいい」の定義も、人それぞれ認識が違います。**「普通は」「常識的に」などといった言葉も要注意**です。これらの抽象フレーズを、図と数字でできるところまで具体的にしていくのです。

一度、図+数字にすると、ズレがなくなります。より深い理解をしたうえで仕事してくれるので、おのずとメンバーのアウトプットの質も上がります。

23 メンバーの進捗確認を定期的に行う

どう動けばいいか、具体的に伝えておく

締め切りまでに終わりそうもないのに、メンバーがそのことを報告してこない。こんな悩みをよく耳にします。

しかし、この場合はマネジメントに問題があります。責任者を立てる、スケジュールを見える化する、ルールをつくる…。いろいろ対策を立てても、**押さえるべきポイントがずれていると、重要な報告はあがってきません。**

たとえば、企画書の期日までに1週間あるとします。5日目にお客さまへ一度確認することになったため3日目に進捗確認をしたいとします。

そのとき、「3日目に提出して」と伝えるだけでは不十分です。

「3日目の午後5時から30分間で確認するから、そのときまでに状況報告と困り事についてまとめておいてほしい」と伝えるのです。さらに、「それまでの間に相談したいことがあればいつでも言ってきてほしい」。ここまで言うのが理想です。これでやっと、理想的に動いてくれるのです。

「いつでも相談してね」は不親切な提案

「報告しない部下が悪い」と言う人もいますが、それは違います。段取りを組んで、部下が報告する機会をつくらなければならないのです。

また、報告の段取りを設定せず、「いつでも相談してね」と言う人も多いですね。一見、寛大なリーダーに思えますが、部下にとっては「聞きづらい」だけです。**仕事は何事も具体的にしなければいけません**。

「そんなことまで…」と思うかもしれませんが、納期までに質の高いアウトプットをすることが目的です。それができる環境を整えるのがリーダーの仕事。責任を外に問うていては、改善は生まれません。

もちろん、メンバーが自分でできるようになるのが望ましいことです。だからまずは、リーダーが具体的に伝えることを徹底しましょう。

24

ITツールを活用する

「忘れていい環境」をつくることで、重要な仕事に向かえる

すべてが完璧な人はいません。

仕事中に、うっかり何かを忘れてしまったという経験は、誰しもひとつや2つ持っているもの。

とくにマネジメントを任されている人であれば、自分だけでなくメンバーの業務まで把握する必要があるでしょう。

そんなとき、細かい仕事内容を頭のなかだけで管理しようとしても、いずれ限界がきます。

そのうえ、覚えることに意識が向いてしまい、目の前の仕事にも全力で向き合えません。

わたし自身も忘れっぽいので、あらゆることを試してきました。

そこで最終的に行きついたのは「記憶ではなく、記録に残す」ということ

です。

おすすめは、ＰＣやスマホなどのリマインダーやスケジューラーを使ったタスク管理です。納期やスケジュールを入力し、必要に応じてアラートをセットしておきます。

このとき、仕事に取りかかる時間も入れておくと、脳への負担が一層軽減されます。とくにルーティンの仕事などは、ツールに任せて、いったん忘れてしまいましょう。

脳は「覚えておく」ことではなくクリエイティブな仕事に使う

「忘れっぽいこと」＝ネガティブな印象を抱くことが多いのですが、**脳科学的には、忘れている状態は、脳に新しい情報などが入っている状態**ともとらえられるそうです。

ＩＴツールなどに頼れば、後ろめたい気分はゼロのまま、積極的に忘れることができます。

そして、「覚えておく」ということに使っていた時間や労力を、人間にしかできないクリエイティブな仕事に向けるのです。

クリエイティブな仕事というと、「デザインや企画職は、自分の仕事じゃないし…」と思ってしまう人もいるかもしれません。

しかし、**わたしの定義するクリエイティブな仕事は「課題となる問いを立てて、打ち手を考えること」**です。

こう考えると、わたしたちの日々の生活はすべてクリエイティブな仕事になるのではないでしょうか。

正解も不正解もない、そのなかでベストな道筋を出すことが本来の仕事の姿です。

問いを出されて、過去の経験値から答えを導き出すといった解決型の仕事は、大半を仕組み化することができます。

正解不正解のない問いにこそ、思考と時間を投資する

「衰退している業界のなかで生き残るために、当社ができることは？」

「コロナ後の世の中でどんなサービスが喜ばれるのか？」

といった模範解答や過去の経験がないことに対して最適解を導き出す。

こういった仕事こそ、思考と時間を投資すべき部分です。


タスクを記録し、やることを覚えるストレスを最小限にすることは、今後ますます仕事のアウトプットを高める要因になるでしょう。

自身の業務の範囲内だけでなく、チーム単位、組織単位でクリエイティブな仕事に最大限時間を割くためにも、ぜひ積極的に忘れる仕組みをつくり、走らせてみることをおすすめします。

25 メンバーの健康面・仕事面に生き金を使う

必要なことにケチケチしない

リーダーとお金の話は、どうしても切り離せません。

いつでもなんでもご馳走するということではなく、ケチに見えないように振る舞ったほうがいいということです。

わたしの会社では、インフルエンザの予防接種はすべて会社で負担することにしました。ひとり4000円ほどで、7～8人のメンバーなら2～3万円の持ち出しです。

金額だけを見ると高い・安いという議論はあると思いますが、もし予防接種をせずにメンバーが休んだとしたら、むしろ損をすることになります。

生き金という言葉があるように、**メンバーの健康面や仕事面に効果があるものに関しては、会社としてお金を出したほうがいいでしょう。**

決して若い社員を夜のお店に連れて行くようなことではありません。それは、「リッチ」の意味を勘違いした行為です。

一方、メンバーの健康面や会社のインフラに関する部分を整えるのは会社の責任です。以前、わたしの会社でも、ヒーターを足元に置いてほしいという要望が出たため、取り入れることにしました。

その人の健康状態や仕事に影響することであれば会社がすべて負担するというスタンスを見せることは、メンバーが会社を信頼することにもつながります。

お金を使えないという思い込みをはずしてみる

わたしが清掃会社の代表として入社した当時、清掃員を募集しても人が集まりませんでした。

そこでわたしはお金を出してアルバイト募集の媒体に掲載することを提案

しましたが、

「都丸さんは聞いていないかもしれませんが、うちの会社は求人媒体にお金を出してはいけないのです。ケチな会社なんですよ」

と言われました。そのときわたしはこう伝え返しました。

「ほかに手段はありませんよね？　人を採用することが会社への貢献になるのであれば、お金を出してでも求人媒体に掲載するべきです」

皆、理屈ではわかっていても、会社はお金を出してくれないものだと思って委縮し、悪循環に陥ってしまっていたのです。

必要と思われる経費を会社に申し入れするのもリーダーの仕事

会社の規模や人数によっては、とてもそこまで負担できないということもあるでしょう。

そういった場合には、会社に対して申し入れすることもあっていいと思っています。

たとえば、年に1回だけメンバーたちに食事の機会を与えたい、そこにはこのような効果があるから、半分でもいい、とお願いをするのです。

このような交渉をすることは、リーダーの仕事のうち。**最初から諦めるのではなく、必要性をまとめたうえで、一部でも出してもらえるようにアプローチすることも、中間リーダーの仕事**ではないかと思うのです。

本当に必要な提案をしてもらえたと感じられれば、経営層も新しい視点だと喜ぶのではないでしょうか。

それぞれの人の小さな提案の積み重ねが、その会社にいまあるルールを形づくっているはずです。

中間リーダーでなく、自身が会社のトップであるならば、メンバーのために積極的に生き金を使う選択をしたいものです。

26

メンバーが辞めないチームをつくる

本当に魅力ある会社なら、社員は辞めない

「優秀な社員が辞めてしまった…」

「離職率が下がるどころか、上がっている…」

社員の退職についての悩みは、多かれ少なかれどんな企業にもあるでしょう。経営者は、社員には長く働いてほしいと思う一方で、社員は

「もっと給料の高い会社で働きたい」

「ステップアップしたい」

と、会社とは別の思いを抱いたりしているものです。

会社には「法人」という人格があり、もともとは社会貢献などが目的で、その責任を経営者が担っています。そして、社員にそのビジョン・ミッションの遂行を求めます。これは非常に大切なことです。

しかし、現実的に考えると、メンバーにとっては会社より自分の人生が大

切です。会社第一で働いてくれる人もいますが、そう巡り会えるものではありません。メンバーは、自分の人生や家族のために働いているのです。

リーダーは、このことを前提に組織づくりをしなければなりません。

雇われる側・雇う側の価値観は、ずれて当たり前

メンバーが辞めるときには、ほぼ全員が「自己都合」で辞めていきます。人間関係、キャリアアップ、子育てなど…理由はさまざまです。

それが自然なことであるという認識をすることからスタートします。

たまに、目をかけていたメンバーの退職を知り、その人のことを「裏切り者」と目の敵のように思う人がいます。人間ですからそういう感情を抱くこともあるでしょう。

しかし、そんなときこそ、**リーダーとしてそのメンバーが満足するような環境を与えられたかどうかを考えてみてほしい**のです。

優秀なメンバーほど成長志向が強い

優秀なメンバーほど、成長を望んでいます。成長するために会社にいるのです。そういった人は成果を出すのも早いものですし、会社としてもありがたい存在なので辞めてほしくはないでしょう。

ところが、一方的に、会社の都合だけを押しつけて「辞めないでくれ」というのは都合がよすぎますし、傲慢だと思うのです。

優秀なメンバーが残りたいと思うだけの環境をつくり続けることがリーダーの仕事です。もちろん、すべての要望に応えようと言っているわけではありません。

ただ、経営側がメンバーの成長を最優先に考え、しかるべき環境を用意する姿勢を示し続けることはできます。そこに共感する人は残ってくれるでしょう。

メンバーの成長のための環境を用意し続ける

メンバーたちが目指す将来像を把握し、その目的が達成できるような組織づくりをすることが、本来の正しい経営のあり方だと思います。

こういった努力をしていても、なんらかの行き違いで辞められてしまう場合もあります。残念ですが、それが、本人のステップアップのためであれば、仕方のないこと…。そんなときは、潔く「踏み台」となって、気持ちよく送り出してあげましょう。そして、**「この会社にいたいと思ってもらうには何ができるか?」を再び考える**のです。

メンバーが辞めたくないと思えるチームづくりは、リーダーの永遠のテーマかもしれません。

27 ノルマでメンバーを縛らない

「売上至上主義」がお客さま目線を失わせる

組織経営論の最近の主流は「ティール組織」ですが、少し前までは、KPIマネジメントが人気でした。KPI（Key Performance Indicator）は、日本語で「重要業績評価指標」と訳され、企業が掲げた目標に向かって、適切に進んでいるかどうかを数値で測るものです。

細かい説明はここでは割愛しますが、KPIマネジメントは、ひと言で言えば、売上予算などの会社が掲げた数値目標の責任の一部を社員にも負わせるような設計になっています。

KPIマネジメントを取り入れている企業はいまでも少なくありませんが、長期的に考えたとき、わたしはあまりよいやり方とは思えないのです。

こうした指標を設けることで、一時的に業績を上げることは可能かもしれません。しかし、**KPIは「売上至上主義」「ノルマ達成への囚われ」とい**

う負の価値観も生み出します。そして、「ＫＰＩを達成すれば、評価される」という図式ができあがると、お客さまの都合はどこかに行ってしまうのです。

「今月の目標には達成がかかっているので、なんとかなりませんか」とお客さまに相談する営業の方がいますが、それはその人の都合です。表情を窺うと、かならずと言っていいほど、どこか暗いのです。売っている本人がつらい状況で、お客さまが満足するだけのいい仕事ができるのでしょうか。

メンバーが楽しく働いているだけで売上も上がる

仕事の究極の目的は、人の役に立つこと、自己実現をすることです。数字は本来二の次。リーダーは常にこの視座を持たなければなりません。

ですから、わたしが日々やっているのは「一人ひとりを信じること」です。

メンバーが楽しく働いていれば、お客さまも満足し、売上も上がる。そこを目指すのがリーダーの仕事だと思います。

社員に責任を負わせすぎるから、多くの社員は責任を逃れるためにチャレンジもしなくなってしまうのです。なぜなら、自分の評価や給料にその責任が反映されてしまうからです。

究極のリーダーは、皆に助けられる人です。そうなるには、「自ら率先して動くこと」「人の責任を問わないこと」。

予算達成を評価と紐づけて社員に課すことはしなくていいのです。

このようなやり方を「ゆるすぎる」と言う人もいますが、「この人と一緒に仕事をしたい、この人を助けたい」と思える関係性を築けば、信頼が急に崩れることはありません。メンバーを信じ、それを行動で表せば、メンバーはかならず応えてくれます。

どちらか一方にストレスがかかるようなやり方は、本来必要ないのです。

3章

メンバーとわかり合う

28

伝わるように伝える

伝え方を徹底する

「○月○日、午後2時から」と決めていた打ち合わせに相手がやってこなかった。こんなとき、あなたはどう思いますか？

「スケジュールを守れないなんて非常識だな」

と思う人も少なくありません。実際に不在だった相手を責め立ててしまう人もいます。

もちろん、相手にも責任があるケースはあります。

でも、**あなたがその打ち合わせを仕切る人であるなら、その責任はあなたにあります**。

「明日のお打ち合わせのご都合は大丈夫ですか？」

「今日は午後2時から打ち合わせです」

とリマインドしておくのも仕事のうちです。

伝わる=相手が動いて成果を出す

目的は、伝えることではなく、相手に伝わること。そして、相手に動いてもらうまでがセットです。

「伝えて、相手が動いて、成果が出る」までが本来の伝えるということ。

そう考えると、いかに多くの人が、「その場で言葉を発することだけ」で満足してしまっているかよくわかるのではないでしょうか。**自分が主導している案件については、相手が動くところまでを意識して伝えます。**

相手の行動や求めている成果が引き出せないとき、まずは、自分の伝える力を疑いましょう。感情論は不要です。

人間同士のやりとりは、どうしても感情論になりがちです。でも、組織内のコミュニケーションでは、これほど無駄なことはありません。

社会インフラを整えるように、伝えるためのインフラを整えていくのです。

29

メンバーに寄り添う

厳しくすればうまくいくわけではない

相手のいいところを見ようと努力をすること。

これはリーダーには欠かせません。

問題が起こると、つい相手を責めてしまいがちです。

もちろんわたしもそんな気持ちになることがあります。

でも、それでは生産的ではないうえ、お互いに嫌な気持ちになってしまいます。

厳しくしないと仕事がうまくいかないと考えるリーダーがいますが、そんなことはありません。厳しくしても事態が改善するわけではないからです。

「またできなかったのか。何度も言っただろう」

と責められてしまうと、メンバーは心がついていかずに、また同じミスを繰り返してしまいます。

認める→尋ねる→対話する

たとえば前回と同じミスが起きたとき、

「やり方を変えようと思う。あなたにとってストレスがかかる部分や課題はどのようなことだと思う？」

という形で対話にする。

「今後〇〇のようにしたいが、どうしたらいいと思う？」

というディスカッション形式にする。

こうしたほうが、言われた相手は生きた行動をするのです。

「いまのあなたを認めています。これから先どうしましょうか」という関係性から始める。

それには、リーダーが少しだけ我慢して、これから先の目的に立ち返る。

メンバーと対話する際には、ぜひ発揮してほしい力です。

30 「ごめんね」「ありがとう」をリーダーの口ぐせにする

メンバーへの感謝、お詫びの気持ちは言葉で伝える

リーダーの仕事は「ごめんね」「ありがとう」を口ぐせにすることです。究極のところ、リーダーの仕事はこれだけかもしれません。

メンバーが働いてくれているのはありがたいことです。まずそこに一緒にいてくれること、自ら仕事をしてくれること、報告をしてくれること、そして残業してくれること…。これらに対して**感謝する気持ちを大前提に持っておきたい**ところです。

では一方で、なぜ「ごめんね」を言うのか。それは本人がやりたくないことや無理なことをさせることもあるからです。ときには皆、無理をしながら仕事をしています。人生は、嫌なことといいことが半分半分です。会社内でもおそらくそうでしょう。

「給料をもらっているのだから当然だ」と思うのは簡単です。でも実際は、自己実現や次のキャリアのためにも会社に来ているのです。それに対して、「いつも無理させてごめんね」「助かっているよ」の言葉はかけたいところ。

社長やリーダーの言葉には、力がある分責任もともないます。

慢心が成長を妨げる

「ごめんね」「ありがとう」は、リーダーが自分のために言う言葉でもあります。「勘違いするな」「いま自分がここにいるのはまわりのおかげだ」「目の前にこれほどの人が一緒に働いてくれていることに感謝しなければ、バチが当たる」と自分に言い聞かせるために言うのです。


人間や組織の成長を妨げるのは、「慢心」です。

いまがあるのは、自分のおかげだけではありません。

それを理解し、**謙虚な気持ちを表現し続けるリーダー、表現し続けるチームが、これからの時代もずっと生き残っていく**はずです。

31 「疲れた」「忙しい」「大変だ」は禁句にする

言葉はリーダーの品格を表す

「疲れた」「忙しい」「大変だ」…これらはかっこ悪い言葉です。
自分の価値を下げてしまいますし、解決に向かわない言葉だからです。
「疲れた」「忙しい」「大変だ」と言っている人についていきたい人はいません。

「今日、疲れてさ〜」と言われても、言われた側は困ります。
言葉は、リーダーの人としての品格を表します。

「疲れた」と言うことで周囲から「体力を維持するために日々のトレーニングをしていないのかな？」と思われるかもしれません。
「忙しい」と言えば「仕事が遅いのではないか？」と見る人もいたり、「大変だ」と言えば「やり方が下手なのではないの？」ととらえる人もいるでしょう…。

そうであれば、言わないほうがいいのです。
いいことはひとつもありません。

ネガティブトークをしないのはマナー

「やりがいがある」「楽しぃ！」「暇だよ」と言いながら成績を上げている人と、「ようやくここまできたけれど、この仕事はやりたくないんだよ」と言っている人とでは、どちらが評価されるでしょうか。明らかに前者です。

ネガティブなことを言う人のもとには、いい人が集まりません。
口ぐせはその人の思考回路を表しているようなもの。
同じような口ぐせを言う人が集まってきます。
だからこそ、リーダーがネガティブトークをしないことはマナーなのです。

32 意見は遠慮せず、配慮して伝える

相手の立場や心情を慮《おもんぱか》る

誰もが意見を言い合える、風通しのよい人間関係が理想的です。そうなりたいのであれば、遠慮しないこと。

本来、会社をよくするため、お客さまにいいものを提供するために意見するチャンスは平等にあるべきです。

もちろん、**言いにくいことも多々あります。そんなときは伝え方に工夫するようにメンバーに共有**しましょう。

「わたしは、会社のビジョンやミッション、社長の思いに共感して入社しました。でも最近、失礼ながらこれまでとは違うように思うことがあり、お伝えしたいのですが、よろしいでしょうか？」

「わたしが言うのは大変恐縮ですが、本件は本来の目的からずれているように見えます。○○してみるのはいかがでしょうか」

相手の立場や心情に配慮しながら伝えれば、感情的にＮｏと言う人はいません。相手は「言ってくれてありがとう」という気持ちになるはずです。

意見する人を評価する風土をつくる

言いにくい意見を気持ちよく発言し合えるのが、本来のチームの姿です。声をあげる本人も、「こんなことを言っていいのだろうか」と悩みながら提案するので、間違っても、意見した人を責めないこと。ここは徹底してください。

「意見する」という勇気ある行動に価値を持たせることも、リーダーの役割です。そして聴き手は「ありがとう」という気持ちで耳を傾ける。

そうすることで、チーム全体が意見を言い合える環境が生まれ、さらにいい仕事へとつながっていくのです。

33 大切なことは何度でも言う

「前にも言いましたよね」という言葉は使わない

「先週も言いましたけど」

「昨日も伝えたよね」

など…イラッとするとつい口にしてしまう言葉ではないでしょうか。

わたしもかつてはよく言っていました。

この言葉は「魔法の言葉」の逆で、「地獄の言葉」です。

言われた相手が嫌な思いをすることをわかって言うフレーズに感じられるからです。


自分の責任ではないということを正当化したくて言う言葉でもありますから、使ってもよいことはひとつもありません。


言われたら嫌ですし、言った側も後味が悪い。

ですから、言わなくて済むよう、お互い努力するべきなのです。

いいチームは何度でも伝え合う

人は忘れますし、ミスをします。

だからこそ「皆がチームになってお互いに支え合うのだ」という考えが浸透していれば、「前にも言いましたよね」という対応にはなりません。

何度でも言えばいいのです。

もう一度同じことを伝えなければいけないというのは、気持ちのいいことではありませんが、莫大な労力がかかるというわけでもありません。

すぐ目の前の問題を解決することと、同じ失敗を繰り返さないようにすることは、それぞれ別に考える必要があると思うのです。

目の前の問題を解決するためにもう一度伝え、そのあとで、なぜいつも忘れるのか、どうすれば覚えてもらえるのかをさらにすり合わせる。

これができればいいのです。いいチームは、何度でも伝え合うチームです。

34

「指示」ではなく、「お願い」をする

上下関係の発言では、メンバーを伸ばせない

メンバーや取引先など、人に動いてもらう経験は誰もがあるはず。と同時に、「なぜ言ったとおりに動いてくれないのだろう?」という悩みがある人も少なくないでしょう。

とくに、リーダーの立場にいる人は、「メンバーは言われたことをやるのが当たり前」と思うかもしれません。しかし、これではメンバーの能力を最大限に引き出すことは難しくなってしまいます。

なぜなら、いい仕事は「いい人間関係」からのみ生まれるからです。「いい上下関係」ではないのです。

あなたは仕事で「指示」を出していますか?

それとも「お願い」をしていますか?

指示には、上下関係が生じます。一方、お願いは対等な関係です。

人の価値観はさまざまですが、もし、メンバーをチームメイトとして、最大限の結果を出せる存在にしたいと考えているなら、仕事をお願いするときに、「○○をやってください」ではなく「○○をやってもらえませんか?」と聞いてみてください。

「やってください」ではなく「やってもらえませんか?」

「やってもらえませんか?」というフレーズは、お願いであって、相手の了承が得られてはじめてキャッチボールが成立します。

「やってください」は一方的で、相手が断れない前提になってしまいます。

メンバーのほうも、ほかに急ぎの仕事があるかもしれませんし、体調がすぐれず早く帰りたいのかもしれません。小さなことですが、こういった積み重ねがストレスになり、人間関係にも悪影響を及ぼします。

相手の時間を尊重し、丁寧に扱う

具体的には、下記のようにお願いの流れをつくります。

「いまちょっと時間をとれますか？」

（相手がＹｅｓだったら）

「○○の仕事があって、明日の17時までにお客さまに提出しなければいけないんだ。だから15時までに仕上げてほしい。１時間程度で終わる仕事だと思うのだけど、その時間を今日、明日で確保することはできますか？」

このように、**全体像や依頼の理由が伝わるようにお願いするのがコツ**です。

これは、相手の時間を尊重し、丁寧に扱うという姿勢の表れでもあります。

どんな人も、自分のことを尊重されて嫌な思いになったりはしません。

自分を認めてくれる人に対しては、誰だってよい印象を抱くものです。

お願いと指示は9：1の割合にする

もちろん、こうした悠長なやりとりをしていられない場面もあるでしょう。

でも、**日々「お願い」のスタンスで接していたら、いざというときの「ごめん、1時間でこれをやって！　頼む！」というオーダーに、まわりは応えてくれる**のです。

相手はきっと、理由も聞かずに「よっぽど急ぎなんだ。ここは一肌脱ごう！」と動き始めます。

「お願い：指示＝9：1」くらいの割合で接してみてください。

メンバーの反応が変わってくるはずですよ。

35 説得ではなく納得してもらう

理詰めで説得しようとしない

「納得」は自分が主体のもの。「説得」は相手に対してのものです。

わたしたちは、自分の言っていることが伝わらないとき「どうしたら相手を説得できるかな?」と考えてしまいがちですが、それは自分主体の発想です。

そうではなく、「どう伝えたら相手に納得してもらえるかな?」ととらえ直す必要があります。

本人の気持ちや立場を無視して理詰めで説得しようとしても、相手はなかなか納得しません。

たとえばメンバーへ「○時までにやっておいてね」とお願いしたのに、実行してもらえないとき、少し見方を変えて「どうして彼はやってくれないのだろう?」と考えてみると、仮説がいろいろと出てきます。

相手に無理のないようにすり合わせをする

もしかしたら、仕事がいっぱいで手が回らないのかもしれない。

依頼された仕事内容を理解できていないのかもしれない。

入社してまだ間もないし、気が弱そうなので、「できません」と言えないのかもしれない…。


こういった場合には、相手の状況をよく聞き、相手に無理のない形ですり合わせをすること。そうすればおのずと「納得」に変わります。

こちらの都合を押しつけてはいけません。


まず相手の状況を聞く。そして相手がＯＫできる形におさめる。

どのメンバーにも、この点を意識していれば、行き違いを防ぐことはできるのです。

36 文句ではなく意見を言う

第三者的な目線の発言はいらない

目の前でトラブルが発生したとき、その事象に対して「ひどいね」「どうなるんだろうね」と第三者のような視点で感想を言う人がいます。

残念ながら、これでは何事も前に進みません。できない人は文句しか言いません。そうではなく、**意見を出す感覚を常に持って仕事をする**必要があります。

目の前でお客さまが怒っているとします。その場合「怒っちゃって大変だね」で終わりにせず、すぐにトップと謝りに行く。「自分は関係ない」と思ってしまうメンバーはいますが、わたしのチームでは認めていません。

目の前で起きていることに対して、チームメンバーとして助けてあげようという気持ちがあれば「〇〇のようにしたほうがいいのではないか?」という意見が出るはずなのです。

メンバーのことを自分事としてとらえさせる

チームの絆ができていないと、「わたしはよくわからない」という雰囲気になり、考えることを放棄してしまう人が増えてしまいます。

でも、メンバーに何か問題が起きたときこそ、自分事として意見を言う習慣をつけたほうがいいでしょう。

《文句》「あの人の取り組み方、しっかりしないとダメだよな」

《意見》「まずはお客さまに謝りに行って、事情を説明して、納得していただくしかないんじゃないの?」

「どうしたらいいのか」を、具体的なアドバイスとして言える人が増えてくると、主体的なチームに変わっていきます。

37 聴く力を磨く

Yes／No で答えさせない

リーダーの仕事のひとつに、メンバーに成長の機会を与えるというものがあります。

新プロジェクトへの参加や新しいお客さまの担当など、メンバーたちが経験したことのない仕事を任せて、背伸びが必要な仕事を与え、成長を促すケースが多いでしょう。

ただ、部下の立場から考えると、かならずしも全員が「やりたい」と思えることばかりではありません。

こんなとき、「できるか／できないか」で聞いてしまうと、「経験がないので無理です！」と答える人もいます。

わたしの経験から言えば、こういった場面では、Ｎｏと答える人のほうが多いですね。

つまり、**Yes／Noで質問すると、Noが返ってくることもある**ということ。こうしたやりとりになってしまうと、その人の仕事の幅や可能性を狭めてしまうのです。こんなときはHowの投げかけに変えて、思考そのものを変えていきます。

投げかけはHowにする

たとえば、「新プロジェクトを立ち上げるのだけど、どうしたらあなたはこのプロジェクトに入れると思う？」という聞き方をします。

「いまの仕事を○○さんに渡すので、あなたには新プロジェクトに入ってほしい」と言ってしまうのは少々唐突です。言われた相手は「まだやるとは言っていないのに」と思ってしまうからです。

具体的な事例をひとつご紹介します。

わたしはシェアオフィスを運営しているのですが、ある知り合いから「夜20時から、セミナーと懇親会で使わせてほしい」という依頼を受けました。

シェアオフィスの閉館時間が21時なのですが、懇親会は23時頃までかかりそうだとのこと。

通常なら「無理だな」となるところですが、Ｈｏｗの質問でどうしたら実現できるかを考えてみました。これは物事の本質をとらえるよい訓練にもなるので、ぜひあなたも考えてみてください。

Ｈｏｗの問いかけをすると、実行すること前提の思考になる

わたしはまず、「スタートを20時より前にできませんか？」と聞いてみました。これが難しければ、スタッフに追加料金を払って23時までいてもらう交渉をすることも考えられます。

21時に閉館する理由は、その時間までしかスタッフがいないからです。

このように、Ｈｏｗの問いかけをすると、「実行すること前提でどうすればいいか」という思考に変わってくるのです。やらない・できないという選択肢はおのずとなくなっていきます。

大変なときほど、「どうやったらできるか？」を問いかける

物事が進まない理由のひとつに、「できる・できない」の議論をしすぎてしまうことが挙げられます。

こんなとき、**Ｈｏｗの問いかけをすると、意外なほど早く解決策が見つかることもあります。**

大変なときほど、「どうやったらできるか？」と自身やメンバーにも問いかけてみましょう。これを習慣にすれば、できることの幅がどんどん広がり、脳も「本当にできる」と思い込んでくれます。

Ｈｏｗの問いかけが定着する頃には、いつの間にか新しいチャレンジが恐怖ではなく、楽しみになっているはずです。

38 対話の「唐突感」をなくす

人は唐突に言われるとストレスを感じる

コミュニケーションにおける「唐突感」をなくすだけで、人間関係の問題による離職率を半分くらい解消できます。一例を挙げましょう。

「ちょっとストレスがかかりそうな仕事があって、それをあなたにやってほしいと思っている。いまままとめていて、明日30分使って説明したいけれど、時間をとれるかな？」

このように1日空けることで、相手にストレスなく用件が伝わるのです。

人には、物事を唐突に頼まれるとできなくなるという習性があります。業務内容や負荷ではなく、唐突感にストレスを感じてしまうのです。

前もって早めに伝えておくことで、相手のストレスは激減します。

もし明日までにやってほしいことをいきなり頼んだら、皆やりたくない分、思わしくない結果になってしまいます。

何事も事前に伝え、直前にもリマインドする

もしタイムマネジメントに優れているリーダーならば、たとえば3日前に「〇〇日までにやってほしい仕事があるんだ。整理してから伝えるから」と言うだけで、相手のアウトプットの質が10倍ほど違ってきます。社内の面談もそうです。

大切な面談をするときには、たとえば半年前から告知しておきます。早ければ早いほどいいでしょう。

メンバーに心の準備をする猶予を与えない人が多いのは、「自分は上司だから」と考えてしまっているからです。仕事は部下が自分で考えるものだと思うのでしょうが、それでは仕事の成果が下がってしまいます。

取り組む内容と時期を意識させる。それも、長い時間をかけて行う――。

わたしは、このように唐突感を与えずにメンバーに仕事してもらうことが、チームマネジメントにおいてもっとも大切なことであると考えています。

もしこれをトップやリーダーが実践すれば、皆そのように仕事をするようになります。事前に伝え、直前にリマインドするということに慣れてくるのです。

唐突感をなくすだけでメンバーとの関係はよくなる

わたしが清掃会社の代表をしていた頃、現場で働いている人たちと本社の人間との間でコミュニケーションが必要だなと思い、月に一度現場を訪れることにしました。そのとき、社内で長く働いてきたメンバーも連れていこうとしました。

雨の日も風の日も現場で頑張っている人たちに会ったほうがいいと思ったのです。

わたしはその本社メンバーに、「来月行きませんか？」と提案しましたが、返事は「忙しいから行けない」とひと言。行きたくなかったからでしょう。

わたしは、なぜ断られたのかを考えました。そして、「1カ月前に言われても急すぎたのかもしれない」と思い至ったのです。そこで11月くらいに「来年の4月から3カ月に一度、皆さんと現場に行こうと思うので、予定しておいてもらえますか?」

と伝えるようにしました。これならNoとは言えません。

なんとなく「行きたくないな」「嫌だな」と思っても、先の話だから「まあいいか」となります。そして、時期が近づいてくるとその予定が心に徐々に馴染んできて、結果として「行ってよかった」という感想に変わりました。

あのときわたしが我慢したことは、「来月」から「半年後」に時期を変えたことだけ。行う内容は変えていません。そこにあった壁は「唐突感」だったのです。

唐突感をなくすだけで、チームのコミュニケーションは格段によくなるはずです。

39 苦手な人ほど、接触頻度を高める

「気にかけている」「興味がある」という合図を出す

「あの人とは合わない」「あの人は苦手だ」と、人は相手のことを決めつけてコミュニケーションをとりがちです。

決めつけてしまうから、距離が縮まらないのです。

たとえばわたしがお客さまのところへコンサルティングに伺うとき、担当者が不機嫌なことがあります。こういった場合、出向くのをやめることもできます。

でも、もしかしたら警戒しているだけかもしれませんし、朝奥さまとケンカしたのかもしれない。そのときの態度だけで「合わない人だ」と決めるのは時期尚早です。

大切なのは、コミュニケーションの深さと頻度です。社内でも会う機会が少ない人がいれば、**1分でもいいから100回言葉を交わす**。1分100回

会えば、100分です。時間は短くても、一度だけ120分一緒にいるよりはずっと効果的です。「わたしはあなたを気にかけている」「興味がある」という合図を出せば、人は打ち解けていくものです。

少し頑張ってその人のいいところを見つける

苦手な人に対してほど、少し頑張ってその人のいいところを見つけてみましょう。いいところはどこなのか見定めて、そのことを本人に伝え、**「どうすれば一緒に楽しく仕事ができるか」をゴールにコミュニケーションをとる。**10分でも1分でも、回数を重ね、互いを理解するように努めることです。

わたしも仕事上、「この人は…」と感じることがあります。そのときはメールではなく電話を1本入れます。これを繰り返していくと、ちょっとしたことでもお礼を言われるようになり、認め合うベースが生まれるのです。

苦手な相手ほど、コミュニケーションの頻度、接触頻度を高めましょう。

40

正しいことは控えめに伝える

人は「言われたこと」よりも「言われ方」で不快になる

たとえば納期が決まっている仕事を社内でお願いしたのに、依頼したことを自分でも忘れていて納期が過ぎてしまった――。

そんなとき、「遅れるならなぜ先に連絡をくれないのか」と頼んだ相手に言いたくなるところです。ただ、言われた側からすると、正しいことを言われているのはわかっていても嫌な気持ちになります。

「言われたこと」ではなく「言われ方」に対して嫌な気持ちになるのです。

なぜリーダーは、正しいことを控えめに言われなければならないのか。

それは、事実として抗《あらが》いようがないために、完全否定されたと感じるからです。

本人はわかっている分、**言いすぎてしまうと、言われた側はさらに追い込まれるだけで何も生まれません。**

言い方ひとつで、相手は自分で問題に気づくようになる

先ほどの例で言えば、

「ごめん。1日遅れていることにこちらが気づかなかった。これからは事前にわかるようにしたいのだけれど、今回の場合、何かできることはないかな?」

と声をかければいいのです。

そうすると言われた側は、

「あんな言い方をしてもらえたけれど、今回のことは自分に非があったな」

と、自分で自分の問題に気づけるようになります。

伝え方は、夫婦関係にも影響します。ともに生活していると、ゴミ捨てや洗濯など細々としたことはたくさんあります。

「昨日どうしてゴミを捨てなかったの⁉」

「靴下をどうして裏返して洗濯機に入れないの⁉」


できていないことをただ責められると、険悪になってしまいます。でも、

「疲れていると思うけれど、やってもらえたら助かる」

と言われると、人は不思議なものでやるようになるもの。

もしできなくても、次からはやってほしいと言われると、「やろうかな」

という気持ちになります。

人は最初に感情で反応します。
だからこそ、優しく言うことで動くようになるのです。
仕事でも、プライベートでも、強く言えば相手の状況が改善されるという
わけではありません。
大切なことは控えめに伝えつつ、どうしていくのがいいかを共有する。
そうすれば、穏便なまま、生産的になっていきます。
リーダーは、ぜひ意識したいところです。

4章

チームで挑む

41 失敗をよしとする風潮をつくる

成功の反対は何もしないこと

成功の親戚は失敗、成功の反対側は何もしないこと──。

「失敗」という言葉をとてもネガティブにとらえる人は、失敗しないための方法を考え始め、最終的に何もしなくなります。

当然ですが、何もしなければ失敗することもありません。

「波風を立てないことがいい」という発想です。

極端な言い方をすれば、たとえば大企業の社長が、年始の挨拶で「何か聞きたいことがある人はいますか?」と聞いたときに、「はい!」と手を挙げて笑われる人を称えよう、ということです。

手を挙げる勇気と、未熟だとしてもチャレンジすることを尊ぶ気概がなければ、成長は望めません。

メンバー全員が当たり前に挑戦する風土をつくる

内容の善し悪しと、行動することは別物です。

内容の善し悪しというのは、能力の高さや、経験の有無に左右されます。

でも、「やるか」「やらないか」という行動は、本人の意志次第でどうにでもなることです。


行動がなく、弁だけ立つことがもっとも厄介です。

「知っていること」と「やっていること」は対極にあるもの。リーダーは、メンバー全員が当たり前のように挑戦する風土をつくっていきたいものです。


イチローでさえ打率4割。10割打つ人など、世の中にはいません。

うまくいけば成功するし、ダメだったら失敗する。

たとえ失敗しても、またやり直せばいい。

そんな空気のあるチームが強いのです。

42 「理解してくれる人は2割いればいい」と割り切る

ある程度の根拠と自信があれば挑戦してみる

嫌われないように立ち回ると、自分を見失ってしまうことがあります。

「自分はこんな根拠をもとに、○○を志している。だからこうしたいんだ」と、伝えて賛同を得るとき、理解してくれる人は2割いれば十分です。

自分に、明確な根拠と自信があれば、「皆がNoと言っているから、これはうまくいきそうだな」とわたしは思うようにしています。

いままでにないビジネスを生み出すとなると、8割の人たちができる仕事では意味がありません。

また、迷ったり悩んだりしているときでも、「一部の人たちがわかってくれていればいい」と思えると、気持ちがとてもラクになります。

万人に好かれたいと思うと挑戦できない

わたしの経営しているシェアオフィスも、「そんなにお金をかけて運営する必要はあるの？」「儲かるの？」という意見のほうが多く、理解されたのは2割くらいでした。

でもよくわかってくれている人からは「都丸さんは、こういう空間にいたかったんだよね」と納得してくれます。

もちろん金銭的なことを考える必要はありますが、明確な方向性と責任は自分で負うという考えのもとで新しいことに着手するとき、**本当に理解してくれる2割の人たちがいれば、それで正解**なのです。

万人に好かれたいと思うと、守りに入ってしまいます。
それでは新たな挑戦はできませんし、ブランドも立ちません。
2：8の発想で割り切りましょう。

43 挑戦のうえで起きた迷惑は責めない

動かないことが一番の迷惑

「迷惑」という言葉に、あなたはどんな印象を持っていますか？

物を壊してしまった、お客さまからクレームがきてしまった…なども「迷惑」に入るのでネガティブな印象がありますが、行動した結果、迷惑をかけてしまうということも多くあります。

こういったケースはお詫びこそすれ、責めるべきものではない。

これがわたしの考えです。

なぜなら、行動している証だからです。

先日、ある女性アナウンサーが、「父親から、迷惑をかけて生きなさいと言われた」とテレビでコメントしているのを聞きました。

遠慮して挑戦をしないことが一番よくないことだと教えられてきたそうです。わたしもその通りだと思いました。

かけた迷惑への謝罪は、まずお客さまにする

職場でも同じことが言えます。

「こだわって進めているプロジェクトが遅延してしまった」

「力を尽くしていたが、売上ノルマを達成できなかった」

こんなとき、メンバーが謝罪し、リーダーが叱咤することがあります。

でも、真っ先にすべきなのは
「スケジュールを巻き返すには？」

「質を高めながら売上を維持するには？」

など、**これからどうするかを話し合って一緒に動く**ことです。


迷惑をかけたことへの謝罪は、お客さまにすべきこと。

波風を立てずに生きれば、人に迷惑をかけることはありません。

しかし、社内やチームという目線で見れば、そもそも行動しないことのほうがよほど迷惑なのです。

44

そもそも論で考える

課題解決型から課題発見型に切り替える

問題が起きたとき、仕事も課題解決も2軸で考えます。

1　目の前のことをどう解決するか

2　そもそもどうしてこれが起きたのか

そもそも論を考えることが、課題解決につながります。

これはリーダーがすべき仕事です。

課題解決型が尊ばれる社会は終わり、課題発見型が必要な時代になりつつあります。ただ、何が問題なのか、わかっていない人が多いのが現状です。

課題があれば解決策は出ますが、課題自体がないと、解決策は出てきません。それ以前に、課題を立てたり、問いを立てたりすることがとても大切なのです。

何が問題なのか、課題や問いを立てて明確にする

たとえば、働くおかあさんの問題について考えてみましょう。どうやったら自宅で仕事ができるか、休みの取らせ方や、早く帰ることの最適化などがよく議題にあがりますが、「いや、子どもを会社に連れてきたらダメなの?」と言うと、皆ハッとするのです。

空き家問題に関しても、空き家をどうしようかという目の前の議論はするものの、どうして空き家になったのかという議論はなされません。どうしたら、今後空き家を生み出さない仕組みができるのだろうとは考えないのです。

リーダーは、チームに対して「そもそも論」を語りましょう。

思わぬアイデアが生まれます。

45 理想のチーム像と現状を伝える

チームメンバー同士を比べない

他人と比較しても、いいことはひとつもありません。

比較するなら、チームの理想像と現状、そこにあるギャップに対して努力するべきです。

ですから、**リーダーはチームをどこに向かわせたいのかを描いて伝え、それに対して現在どの地点にいるのか、何が足りないのかを共有**します。

また、理想のチーム像を語るときには、なぜそこに向かいたいのか、向かった先にどうなるのかまで話せるようにしておくのです。

チームの理想を明確にしておけば、気持ちがそろい、チームがひとつになって前に進みやすくなります。

理想とのギャップが、努力するためのエンジンになる

理想に対して現状を伝えるときには、いまどの地点にいるのかを明確にすること。まず、足りていないところを一つひとつ浮き彫りにします。

そのうえで、何をしていけば上がっていけるのかを考えていくのです。

何をするかを考えるときには、チームメンバーたちから、アイデアを出してもらえるようにしたほうがいいでしょう。

「これができていない」「あれもできていない」と、足りていないところにばかり目を向けていると、気持ちが萎えてしまいます。

でも、**理想のチーム像と比較したうえで話し合えば、チームで努力をする方向に向かう**ので、ストレスではなく、エンジンに変わります。

チームの理想との差を考えることを当たり前にする。

これができるチームが突出していくのです。

46 厳しさと楽しさを共存させる

本当に成果を出すためのインフラをつくる

「仕事は厳しいものですから」という理由でルールをつくる人がいます。

もちろん**厳しくてもいいのですが、楽しさも共存していい**と思うのです。

トップは、本当に成果を出すためのインフラをつくるべきです。

オフィスで笑ってはいけない会社さえ、たくさんあります。

ちなみに、わたしが経営を引き継いだ会社では、「都丸さんが代表になって一番よかったのは、皆が笑うようになったことだ」と言われました。

何かの本に、女性から一番奪ってはいけないものはおしゃべりとお菓子だと書いてありました。その言葉を目にしてから、わたしは一刻も早くその2つを解放することにしたのです。

お客さまとの打ち合わせなどではなく、社内のテレビ会議などであればお菓子を食べていてもまったく問題ありません。

リーダーは「ノーマネジメント」を目指す

大切なのは、厳しさの向け方です。お菓子を食べてはいけないような厳しさよりも、考える厳しさのほうにフォーカスするべきです。

アイデアがひとつしか出ないのであれば、頑張って10個出してもらう。このような厳しさはかまわないと思います。

でも、たとえば私語を許さない、時間に細かい、徹夜を当たり前の風土にする…といったことで厳しさを問うのは、本質ではないと思うのです。

わたしが目指しているのは「ノーマネジメント」です。

リーダーは管理をしない。

そうすると、皆楽しくなり、自然ともっと仕事をするようになるはずです。

教育の究極形は、そこではないかと思うのです。

47 費用対効果を考えさせる

「安さ」に注目しすぎない

あるときトイレの壁紙が剥がれていたので、インテリアコーディネーターをしているアルバイトの女性に「壁紙を替えたい」とお願いしました。

彼女は「どうしたいですか?」と聞いてくれたのですが、わたしは「会社に来た人が、トイレを見て思わずSNSに投稿したり、また来たくなるようにしてほしい」「大きな予算はない」と伝えました。

ひとつの案でタイルが出たのですが、まず最初に「高いですよ」と言われました。でも、**高いか安いかというところだけを問題にしてはいけない**と思うのです。

たとえば、1億円投資して2億円返ってくれば、1億円は安いと感じるはずです。100万円をかけてマイナス100万円になってしまったら、これは失敗になります。

大切なのは、あくまで費用対効果。最終的に得になればいいのです。

チーム内でゴールをイメージしながら議論する

費用対効果の高い仕事をするには、「お客さま」と「ゴール」をチーム内でイメージしながら議論しなければなりません。多くの人は受注元を見て仕事をするので、ゴールが見えていない状態です。

そうすると、当たり障りのないものしか生まれません。

創造性、個性や強みが生きたものはつくれなくなってしまいます。

トイレの壁紙は、最終的にインテリアコーディネーターのメンバーが選んでくれたのですが、「キレイですね」「オシャレですね」と評価されたり、「いい大工ですね」「いくらですか?」と聞いてくる人もいて、反応はさまざま。

まわりからの反応を見ていると、安さだけにこだわらず、壁紙を替えてみてよかったと感じています。

48

「言える化」を欠かさない

新しいアイデアは「言える化」から生まれる

ヤマト運輸さんの「クール宅急便」は、お客さまの「生鮮食品が傷むのでどうにかしてほしい」という要望を配達員の方が聞いたことで提案したアイデアだと言います。

そのようなアイデアを発表する場がヤマト運輸さんのなかにあるのです。社員もアルバイトも関係ありません。

これは、ヤマト運輸さんが「言える環境」をつくっていたからですね。

三人寄れば文殊の知恵と言うように、**皆が披露・共有する場や環境をつくっておかなければ、リスクをはねのけることはできません。**

リスクマネジメントという意味でも、必要なことを言えないことは問題であると思います。

「言える化」で離職率も下がる

隠したことを責めてしまう組織は多くあります。

でも、**言えない環境にしていることが問題**なのです。

「責任はすべて社長のものだから教えてほしい」というスタンスにしていれば、メンバーは情報公開すれば評価されるのだと安心し、言えるようになります。「言える化」が根づかないのは、日本が減点主義だからです。

「言える化」に力を入れれば、離職率も下がるはずです。

隠すこと、ごまかすこと、そしてウソをつくことを誘発してはいけません。

「ごめんね」「ありがとう」ということをリーダーが率先して言えれば、チーム内にも「言ってもいいのだ」という雰囲気が生まれます。

そしてできなかったことがあれば、リーダーが認めて謝る。

そうすれば、「言える化」はとても健康的に進みますよ。

49 やる気のないメンバーには貢献欲をかき立てる

やってほしくない行為をビジュアル化する

やる気がないメンバーに対して、リーダーはどう対処すればいいのでしょうか。まずできるのは割り切ること。やる気がないのは仕方ないということを前提に考えます。

そのうえで、たとえばミスや遅刻など、お客さまに迷惑がかかるからやってほしくない行為を明文化し、やる気の有無は関係なくきちんと守ってほしいということをビジュアル化して、お願いします。

そして、**根気強く一つひとつのことを詰めていく**のです。

協力を仰ぐ、お願いするというスタンスで、

「これだけはぜひ守ってほしい。そうすれば現場が落ち着くし、あなたの給料が上がることもあるだろうから」

と伝えます。これだけでうまくいくこともあります。そして、うまくいっ

たときにはかならず情報共有をします。

「あなたがこのようにしてくれたおかげで、こんな結果になりました」と、お互いにハードルをクリアした成功体験を共有するのです。可能であれば、そのタイミングで待遇を変えてあげます。

この動きを続けていくと、徐々にやる気が芽生えます。

最初からやる気がないから無理だと決めつけてしまうと、物事は進みません。そもそもやる気は見えないのですから、そのようなものに頼らないようにします。

いつまでに、誰が、何をすればいいかを明示する

「お客さまの反応が共通の基準」という共通認識を持ったうえで、いつまでに・誰が・何をすればいいか、ということを決めて、わかりやすく明示しましょう。明示したうえで、それをフォローする。そして、進捗状況を共有し、うまくいったときはお礼を伝えるというマネジメントをするのです。

皆、期待され・評価されるということは嫌ではありませんから、お礼を言われるなかでやる気を出すようになるかもしれません。

このように、**「気にかける・期待する・共有する」ということを繰り返すことでしか、人は動かない**とわたしは思うのです。

事細かに進捗を伝える

わたしの会社には学生のアルバイトもいますし、デザイナーの人もいます。たとえば、デザイナーの人に対して、わたしは非常に細かく進捗を伝えます。

会社の封筒のデザインを依頼し、つくったデータの印刷を印刷会社に依頼するとき、

「あなたのデザインの印刷をお願いしてくるから」

と伝えます。こちらが受け取って終わりにしてしまうと、進んでいるのか、会社の事業に貢献できているのか、実感を得られません。そうなると、会社との距離は埋まらないのです。

進捗を伝えることを省かないことは、一緒に働くメンバーへのマナーです。

会社に貢献してくれていることを積極的に伝える

アルバイトであれ学生であれ、関係ありません。その人がやってくれたことが、いま会社にとってどのように作用しているかは、惜しまず伝えたほうがいいでしょう。

「いい仕事をしたことで新たなオーダーが入った」「売上が上がった」などということを情報共有することで、メンバーが会社の役に立っていることが実感できます。

役に立ってもらえていることを共有するようになると、信頼関係が生まれやすくなります。仮にメンバーから反応がなくても、とにかく続けること。「ありがとう」と言われて嫌な気持ちになる人はいません。

とてもアナログで人間くさいことですが、伝えることを省かないだけで、チームは活性化します。

50 責任をとるのはチームでひとり、報告は全員で行う

人は自分の評価が下がることを、隠そうとする

責任はトップひとりだけ。でも、報告する義務は全員。

これが一番わかりやすい図式です。


自分の評価が下がると思うと、人は隠すようなことをします。

それが足かせになって会社が傾くこともあります。


でも、組織では、起こることすべてがトップの責任です。

遅刻したこと、お客さまを怒らせたこと、お金を盗んだことも含めてです。

ただし、そのことについて理由を説明し、報告を入れることは、その当人たちの責任です。


発生責任はトップに、報告責任は全員にあると考えるのです。

自分は護《まも》られているという勇気を持たせる

事を起こした人に責任をとらせてしまうと、本人は隠そうとするもの。

でも、リーダーがメンバーのミスに対して一緒に謝り、庇ってくれれば、その人はまたミスをするでしょうか。しないと思うのです。

「自分は護《まも》られている」「これからもこのまま頑張っていいのだ」という勇気を持たせることのほうがよほど大切です。


全員に報告する責任があり、報告をしてくれたらお礼を言う。

そうすれば、メンバーたちがどんどん報告してくれるようになります。

「なぜこのようなことが起きたと思う?」『こうだからです』「それなら、どうすれば解消できる? 明日までに100個出せる?」これが、正当な責任のとらせ方です。本人は自分が悪いと思っている。それで十分です。

「責任をとるのはトップ、報告の義務は全員」というルールにすることで、チームメンバーたち全員がパートナーになるのです。

51 「不快感は成長のサイン」ととらえさせる

人は新しい体験で成長する

わたしの母校の大学では、OB・OGで運営される卒業生コミュニティがあります。先日、その実行委員に任命されました。その会は60〜70代が中心で、経済界で有名な方々も数多く参加しています。

わたしが一番の若造です。人づてで入会したものの、知り合いはゼロ。完全なアウェイです。しかし、結局はお引き受けすることにしました。自分の成長や新しい出会いを考えるよい機会だと思ったからです。

あなたにも同じような経験があるのではないでしょうか。自分が自分でないような、どこか居心地の悪い環境や体験のことを、英語では、「アンコンフォート・ゾーン（Uncomfort Zone）」と言います。対義語は「コンフォート・ゾーン（Comfort Zone）」で居心地のよい環境という意味です。

わたしは、このアンコンフォート・ゾーンを「いまの自分にはレベルが高く、厳しく感じる環境やコミュニティ」と解釈しています。そこにあえて飛び込んでいきます。なぜなら、**環境には自分を自動的に成長させてくれる力があるから**です。これをひとりでやろうとしても難しいでしょう。

不快感を感じる環境にこそ、成長が待っている

振り返ってみると、はじめは不安で居心地が悪かったことも、結局は「やってよかった」と思えることばかりではないでしょうか。

若いうちは同じスタートラインですが、5年後、10年後という観点で見ると、明らかな差が出てきます。いつまでも慣れ切った快適な環境のなかにいては、成長は見込めません。人としての器も大きくならないのです。

「少し厳しいな」「不安だな」と感じる環境にこそ、成長が待っています。手に負えそうもないプロジェクトにチャレンジするのもいいでしょう。

すべてが心地よい＝成長が止まっているサインです。

ときには不快感を感じる大切さを、チーム内に根づかせたいものです。

52 メンバーの問題行動には、共有とケアで乗り切る

ほかのメンバーへのケアも怠らない

問題行動を起こすメンバーがいるために、チーム全体が疲弊することもあります。チームを荒らして砂をかけるような形で辞めていく人もいるかもしれません。

マネジメントをする際には、**問題行動を起こすメンバーへの対処と、それ以外のチームメンバーへのケアの両方が生じます**。

後者は、問題行動を起こすメンバーを特別扱いしているのではないかという気持ちを抱かせないようケアをするためです。

たとえば、ある女性が会社の用意した制度に従って産休や育休を取得するとします。このとき、産休育休を取る人の普段からの働きぶりが素晴らしく、残るメンバーたちからまた戻ってくるのを楽しみに思ってもらえていたら、反発は起きないでしょう。

一方で、休みを取得する側が、取れるお休みは権利として全部取得し、取得し尽くしたら辞めてしまうということもあるかもしれません。この場合には、そのメンバーを特別扱いしていると思わせてしまう可能性があります。

手がつけられない場合は、組織を離れてもらう選択も

さまざまな問題行動を起こすメンバーを「なんとか教育しよう」とは思いつつも、限界を感じざるを得ない場面もあります。運動能力や人間性などの潜在的な特性は大きく変わらなくても、生まれながらの性格の違いもあるでしょう。

手がつけられない事態になったときは、問題のメンバーに組織を離れてもらうこともひとつの対処法です。部署を替える、仕事の内容を変えるといったことから、問題行動の具体的な事実を積み上げたうえで、**雇用契約の形を変えるという打ち手もあります**。

それでも難しい場合には、自主的に退職せざるを得ないようにすることも考えなくてはいけません。現在の企業の問題は、一度採用すると簡単には辞めさせられないことです。そのような法制度に守られている分、採用は会社にとってリスクをともないます。あまりにも状況がひどい場合、本人がやりたくないような仕事を与えることで退職を促す企業もあるでしょう。

チームメンバー一人ひとりを気にかける

問題行動を起こすメンバーをフォローしつつ、そのほかのメンバーのケアやフォローも欠かせません。ひと言で言うと、「気にかけてあげる」こと。そして、気にかける頻度を高めることです。

具体的に言えば、**週に1回など日程を決めて、メンバーが相談できる日をつくります**。たとえば、

「チームメンバーや問題になっている人のマネジメントについて、状況を聴くための機会を月（週）に1回持ちたい」

と伝えて、アウトプットができる時間を決めるのです。文句や愚痴が出る

かもしれませんが、そのような機会をお互いに設けることが非常に大切です。

「いつでも言ってね」「困ったら聞いてね」と言っても、なかなか話してもらえません。

お互いに話ができる時間と空間をつくる

「○○君（さん）のことが大変そうだから、このことについて毎週水曜日の9時から30分くらい時間をとりたい。そこで、いろいろと話してくれればと思う。でも、それ以外の緊急のことがあれば聞くよ」

という形にすれば、確実にアウトプットをしてくれます。

問題行動を起こすメンバーが出てきたら、一番大切なことは、まずチーム内で共有すること。メンバー個々に、何が大変なのか、どうなっているのかということを、確実に言ってもらう機会を設けることです。

そのうえで解決策が出てくればその策を実施する。できなかったとしても、マネジメントをしている人のストレスを軽減する効果はあるはずです。

53 「揉めずに辞める」をマナーにする

お互いが「ありがとう」を言える状況をつくる

退職時の姿は、人に見られています。美しい形で送り出されることばかりではないのは、勤めたことがある人なら、誰もが知っているはずです。

退職する人の辞め方、送り出し方を、ほかのメンバーは見ています。

ですから、リーダーは、辞めるメンバーが一定期間会社に貢献してくれたことへ、感謝の気持ちを示したいところです。

そして、辞める側、雇用されていた側は、自分の生活を支えてもらい、キャリアを積むことができたことへの感謝を表明してほしいのです。

少し我慢して、「ありがとう」と言うことができればベストです。

もちろん楽しい気持ちばかりではないでしょう。わだかまりを感じる出来事もあったはずです。ただ、真剣に考えてみれば感謝できる部分もあるはず。辞めるかどうか悩んでいる人に、わたしはかならずそう伝えます。

勝ち負けではなく、少し我慢して認め合う

多くの人は、その会社でのキャリアをリセットして、次の会社でゼロから頑張ろうと考えているような気がします。でも、それは非常にもったいないことです。

先のことを考え、お互いに少し我慢して認め合う努力をすれば、次のステージに進むこともできます。去り際がよくない人は、おのずと次の仕事でも壁にぶつかることが多くなりがちです。コミュニケーションの課題をそのまま持ち越してしまうからでしょう。

人との別れのときに正しい・正しくないということにとらわれすぎることはないのです。

「一期一会」「負けるが勝ち」。人間は感情の生き物ですが、リーダーは怒りの感情を持ったときに、冷静に考えるという視点を持ちたいものです。

54 「明るさ」と「尊重」で、人が辞めないチームになる

メンバー間の共通項を生み出せる環境をつくる

会社のビジョンとして「お互いに敬おう」「いつもありがとうを言おう」といった習慣を、日々リーダーから示しましょう。

常に明るくすること、楽しくすること、自由でいること、厳しくもすること、というメリハリをつけることで、皆がお互いを責めずに認め合う空気感が生まれます。

仕組みを取り入れるのも有効です。

たとえば自己紹介の時間を設ける、1カ月の振り返りを皆で共有する、お互いに「ありがとうシール」を贈り合うなど、世の中にはいろいろなノウハウがあります。隣に座っている人の趣味を把握しているか尋ねても、ほとんどの人は知りません。

でも、**共通項があるだけで、人と人との距離は埋まります。**

共通項を生み出せる環境を会社がつくることで、人が残念な形で辞めることがなくなるのではないかと思います。

メンバーで同じ時間や空間を共有する

会社はコントロール役のようなもの。デジタルだけでは不十分です。

同じ時間や空間を共有することが、お互いを知る機会になります。

根掘り葉掘り聞き出すのも失礼ですが、メンバーたちが、それぞれにどんな価値観を持っていて、どんな生活をしているのか、同じ時間と空間を共にすることで見えてきたりします。


「知らない」から、人は不満を感じるのです。

知っていれば、機嫌の悪い人がいても「あぁ、いま家庭が大変なのかもな」「最近公私ともに忙しいから疲れているのかもな」と割り切れます。

明るさと、メンバー同士が尊重し合う風土があれば、人が辞めないチームになるのです。

55 「上下関係」ではなく「人間関係」でしか、いい仕事はできない

上下ではなく横のつながりなら、互いに協力し合える

わたしたちは、幼少期から上下関係ありきで生きています。

家族や気心知れた人との間では、「上下関係」は成立しないものです。


「上下関係」には、指揮命令がともないます。

これは上と下で分かれてしまい、同じ空間にいないことをお互い実感している状態です。そうすると、責任の問題や物事の把握度合いが最初から違ってきて、言語や感覚の共有が難しくなってきます。

「上下関係」ではひとつのフィールドにいるという感覚は生まれません。


一方で、**「人間関係」になると、立ち位置が横のつながりになります。**

そうすると、物事に対してお互いに協力して解決するという方向へ動きます。うまくいったときには喜びをわかち合えますし、厳しい状況に直面したときには、皆で補い合える関係になるのです。

誰もが同じ目線で取り組む

リーダーとメンバーの間でも、「上下関係」でなく「人間関係」を築くことができます。

それには、上司がマインドを変えること。一緒に働く人の視座やスタンスを理解し、時間と空間の共有を心がけて、チームとして同じ目線で取り組む意識を持つことです。責任は自分がとり、うまくいったときはわかち合い、威張らず偉ぶらないことです。

役職で人を見ると、給料も立場も、責任の度合いも違います。モチベーションが異なっているのに同じような感覚で物事を進めようとすると、下の人間に負荷がかかり、プレッシャーになるのです。

物事を一緒に進めて解決したり、一緒に喜んだりする感覚が、上下関係では生まれにくいのです。

リーダーを使うメンバーは正しい

リーダーがメンバーと人間関係を築くには、メンバーから積極的に頼ってもらえる空気をつくることです。

わたしはよく「リーダーを使うメンバーは正しい」という言い方をします。**リーダーを頼り、助けを求め、どうしたらできるかを相談するメンバーは、大きな可能性を秘めています**。

大切なことを共有できますし、コミュニケーションのズレも生まれにくくなります。

人は人を変えることはできません。

でも気づかせる手伝いをすることはできます。

リーダーもメンバーも、互いにコミュニケーションをとることを心がけて距離を近づける努力をすれば、強い人間関係が生まれるはずです。

5章

人とつながる

56 自分が無一文になったときに助けてくれる人を本当の人脈という

人の価値はどんな人たちに囲まれているかで決まる

「あなたのためならひと肌脱ぎますよ」と言ってもらえる相手がいるかどうかで人生は大きく分かれます。ひと肌脱いでくれる人たち＝いざというときに助けてくれる人たち、会社を興すときに役員になるような人たちです。

あなたのまわりには、そういった人たちがどれくらいいますか？

人の価値は、どんな人たちに囲まれているかで決まります。

もしも自分がゼロになってしまったとき、「じゃあ、うちでこれを一緒にやらない？」「じゃあ、少しお金を貸すから」と言ってくれる人たちが、本当の人脈だと思います。そう考えると、人数はそれほど多くはないはずです。

「あなたのためならいいよ、やるよ」と言ってくれる人、悩みを心から聞いてくれる人。人生は、そういった人といかに出会えるかどうかです。

これはコントロールできるものではなく、すぐにつくろうと思っても実現しないかもしれません。もし、現時点で心からのつながりのあるよき理解者がいるならば、とてもしあわせなことです。

ところが、これは自分に実力がないと実現しないことでもあります。

価値ある自分でなくては本当の人脈はつくれない

価値のある自分でなければ、相手は無一文の人間を助けたりしません。

そういった厳しさも裏側にははらんでいます。

日頃からどんな生き方をしているのか、思った以上に人は見ています。

そして、誠実さと可能性を感じるから、無一文になっても助けようと思ってもらえるのです。

ただの知り合いを、人脈とは言いません。「ゼロでもマイナスでもいいよ」と言ってくれる人がいるかどうかが、ますます問われることになるでしょう。

57 誘われるのを待たず誘う側に立つ

人間関係は自分主体で主導権を握る

人間関係は、自分主体で動いたほうが得です。世の中は、誘われるのを待っている人が多いもの。日本には、飲み会には少し遅れて行ったほうがいい、という風潮さえあります。後出しのほうが、かっこいいという感覚があるのかもしれません。

でも、**誘われることを待っていると、人の広がりを自分でコントロールできません**。相手も選べません。

一方、誘う側になると、主導権を握ることができます。

「この人と会って話したい」と思えば、よほどの有名人ではない限り、会いに行ける時代です。

忘年会などの主催側には、それなりの労力をともないます。人をまとめたり、スケジュール管理したりなど…やらなければいけないことは意外とあります。

ところが、得られる経験値はとても大きいのです。

ですから、自ら誘う側に立ったほうが得だとわたしは思います。

放っておいても人間関係はできない

まわりからは「いろいろな人とよく会っていますよね」と言われますが、いまでも7割くらいはわたしから誘っています。この1、2年で「久しぶりに会いましょう」という連絡が増えましたが一番最初のきっかけは自分からつくったものがほとんど。放っておくだけでは、人間関係は生まれません。

もし受け身で、人間関係も改善したいと思うなら、自分から誘うことを意識してほしいのです。

誘われて、気分が悪くなる人はそういません。むしろ人は9割誘われたいもの。**自分から9割誘うという気持ちで人と関わってみてください**。

人間関係を主導にしたいなら、誘う側に立つのが最短の道です。

58 困ったときだけ頼らず、平時に人に会い続ける

深くわかり合うには、時間ではなく頻度を高める

平時に人に会い続けること。
これは、自戒も込めて言いたいことです。

人と人とがコミュニケーションをとるうえで大切なことは、時間ではなく頻度。もし5時間一緒に過ごすのであれば、1時間で5回会ったほうがいい。
そのほうがお互いのことを深くわかり合えます。
平時に人と会うべきであるというのはまさにこのためです。

自分を知ってもらい、お互いに有益な関係であると思うには時間がかかりますが、困ったときにばかり頼っていては、そのような関係にはなれません。

久しぶりに会ったのに突然頼み事をされたら、「なんとかしてあげたい」という気持ちにはなれないものです。

平常心の状態で話せる機会があるほど、関係は深くなる

決して困り事を相談してはいけないという意味ではありません。
困り事の相談をしたいから会うのは違う、と言いたいのです。
家族や友人に何かしてあげたくなるのは、関わる頻度が高いからです。
頻度が高まれば高まるほど、関係性が深まります。
だから、何かあったとき「協力しよう」と思えるのです。

会う頻度は高くなくても十分。
半年に1回会っているだけで、お互いに親友だと思えるようになります。
助けを求めていては、そのような関係にはなれません。
お互いに平常心の状態で近況を話せるからいいのです。

ぜひ「人と会うのは平時に」を実践してみてください。

59 してあげたことは忘れ、してもらったことは忘れない

してもらったことを、今度は自分が循環させる

自分がしてあげたことは忘れて、してもらったことは忘れない。
わたしは日々これを心がけています。

若い頃、新宿で遅くまで飲んでいたとき「都丸くん、帰れないでしょう?」と一万円を渡され、タクシーで帰ったことがありました。
あのときの感動は、いまでも消えません。

それ以来、**何かをしてもらったら、感謝を言葉で伝えること、ちょっとしたお返しをすること、手紙を書くこと**などは欠かさず、今度は自分が循環させるようにしてきました。

人によっては面倒くさいことかもしれませんが、とても大切なことだと思うのです。

循環させれば素晴らしい人間関係が築けるようになる

してもらったことを忘れないこと、循環させること。これらを心がけていると、同じような価値観の人とだけつながるようになっていきます。

やがて、自分のスタンスや感性に近い人ばかりが集まるようになり、ストレスなく、上下関係もなく、対等な人間関係で物事が進むようになるのです。

質が高く、いい人間関係のなかでは、さらにいいものが生まれていきます。

公私ともにそうなれば、これ以上豊かなことはありません。

わたしたちは、気持ちのよい循環を起こせるリーダーでありたいものです。

60 知り合いだからこそ、決して値切らない

正規料金がお付き合いのマナー

知り合いだからこそ、値切らないこと。

わたしは、この2～3年、とくに意識しています。

たとえば知り合いが飲食店を開いたときや新しいサービスをつくったとき、わたしはマナーだと思って「プロパー（正規料金）で勘定してください」と伝えます。

「知り合いだから安くするよ」「安くして」という気持ちはわかります。でも、それを一度やってしまうと、気づけば値切り合戦になってしまいます。

それは決してお互いにとってしあわせなことではありません。

「お互い正規料金でやりましょう」ということは、人間関係のマナーだと思うのです。

リーダー、とくに経営者は、定価をよしとする意識を持っておかなければ、すぐ安ければいいという方向に流されてしまいます。

「定価でお願いするなんてもったいない」と言う人もいますが、なるべくお金を使わずに安くモノを買って貯め込むからデフレから抜け出せないのです。

値下げしたしわ寄せが、ゆくゆくは自分たちや会社のメンバーたちに向かってしまうことを思えば、「値引き大歓迎！」とはならないでしょう。

知り合いの特権を割引に持ち込まない

もちろん懐事情もありますから、わたしの場合は「知り合い」に絞っています。わたしは半分以上が知り合いから仕事を受けたりお願いしたりという環境に身を置いています。中途半端な価格で始めると、お互いに困ってしまうのです。ですから、最初から正規料金で進めるようにしています。

知り合いだからこそ、定価で提供し合う意識を持つ。

そのほうが、余計な気をつかう必要がない分、関係もよくなりますよ。

61 自分のファンをつくる

まず自分から腹を割る

人生はファンづくりの連続です。

わたしは、毎日の活動がファンづくりだととらえています。

よく「赤裸々に話しますよね」「ここまで話してくれる人はいませんよ」と人から言われるのですが、それは、腹を割って付き合っているからかもしれません。それが信頼に結びついていればいいと思っています。

「また会いたい」「一緒に仕事をしたい」と思ってもらえるように誠実に毎日を過ごしていれば、おのずとファンが生まれるのではないでしょうか。

わたしはちょうど10年前から、「コミュニケーションのとり方は一方通行でいい」と思うようになりました。誘われるよりも誘うことを10年続けているとおもしろいもので、人から連絡がこない日はありません。

互いに「いいな」と思えなければ関係は続かない

ファンは、ただ待っていても生まれません。ベースは、まず自分から「この人はいいな」と思う人にアプローチし続けることです。ちょっと会いに行く、ちょっとお祝いする、贈り物をする…といったことを、見返りを期待せずにやり続けることで、関係が築かれていき、次第に「この人のファンだなぁ」と思ってもらえるようになります。

また、人はご縁だけでは続きません。

お互いが「いいな」と思えなければ、縁があっても続かないもの。

たとえば、得意分野を活かし合えたり、大切な考え方が一致していたり、双方が一緒にいて楽しいと感じられること。これらがないと、長くともに過ごすことは難しくなってしまいます。

まず自分から動いて誠実に過ごしてみてください。

自分を好きでいてくれる人がいれば、人生に豊かな彩りが生まれます。

62 若い人にお金を使う

大切な人にケチケチする姿を見せない

ここでは、リーダーとしてではなく、一個人、一ビジネスマンとしての話をします。

早く生まれてきた身として、ぜひ若い人にお金を使ってほしいのです。「若い人に奢ることでよく思われたい」という感情はいりません。

それでは、自分がかわいがっている後輩にしか奢らなくなってしまうからです。そこは平等にするべきだと思います。

若い人にお金を使うという行為は、長期的に見れば確実に自分に返ってきます。どれだけ奢っても、余りあるリターンがあるということです。

ただ、ここで注意したいのは、**奢るときには直接的な見返りを求めないこと**。

たとえば「あの人はこの間奢ってあげたのにお礼を何も言わない」と不満を抱くくらいなら、奢らないほうがいいでしょう。小さい人間に感じてしまいます。お礼を言われないのが嫌ならば、もう会わなければいい話です。

人にお金を使うスタンスが、先々の収入にも影響する

人にお金を使うかどうかが、ときにその人の先々の収入に影響することもあります。何かと奢ってくれていた上司はその後役員になって現在も経営陣として活躍している一方、コーヒー一杯さえ奢ってくれたことのない上司は、役員になることがないまま退職した、というケースを知人から聞いたことがあります。

もしかすると、**奢る・奢らないというスタンスに、日頃の仕事で責任をとる・とらないというあり方が表れているの**かもしれません。

わたしも、現在在籍する会社のメンバーには絶対に自腹での支払いはさせ

ません。給料が高いか安いかということではなく、かっこつけさせてほしいという気持ちがあるからです。とくにもったいないとも思いません。
感覚としては「マナー」に近いのかもしれません。

一方で、わたしは自分には徹底的にケチケチします。区のスポーツセンターでは、1回分得をするから回数券を買おうなどと考えています。
ただ、大切な人やビジネスパートナーなどにケチケチする姿を見せるのが嫌なのです。

大切な人の将来にお金を使うという感覚を持つ

わたしは、リーダー、とくに会社のトップは、可能な範囲でケチケチすべきだと思っています。もちろんあまりにも貧乏たらしくするのもよくないのですが…。

たとえば84ページで触れたインフルエンザの予防接種や食事の費用は、飲み食いする回数を1回減らせば捻出できます。

チームメンバーたちは、おそらくトップがリッチであることを求めているわけではありません。

「メンバーへの給料を多く払えばいいじゃないか」

と言う人もいます。月給を1～2万円上げればいいのではないかと。

でも、それは少し違います。給料では、会社の想い、リーダーの想いが伝わりにくいのです。


お金の使い方には、人間性が表れます。

大切な人の将来にお金を使うという感覚が必要です。

打算的な考えの人は、奢ることを投資のように見てしまうのでしょう。

でも、チームメイトにお金を使うことは投資ではありません。感謝であり、マナーです。これを続けられる人は、いつ、どんな時代でも生き残れる人になると思うのです。

おわりに

わたしを支えてくれた人の話

最後に、わたしがほとんど誰にも言ったことのない話をします。
わたしは年に一度、泣く日があります。ある人の命日です。
その人は、わたしと同い年の男性でした。

彼とは、ある著者の後援会で知り合いました。お互いにひとりで参加しており、その日のうちに意気投合。そこから始まった付き合いです。共通の知り合いもおらず、不思議な存在。恵比寿在住で、某有名証券会社に勤めている働き者でした。

個人的なことはそれくらいしか知りませんでしたが、時折一緒に食事をしました。彼は、お世辞を言うタイプではない分、率直に意見をくれる姿勢が、わたしにとって、とてもありがたくもあったのです。

じつは、彼は、わたしが最初に「父親の会社を継ぐ」ということを報告した人でした。そのとき、彼はわたしに「頑張れ！」と鼓舞してくれました。

会社を継いだ後も、一度会いました。「都丸くん、ちょっと社長っぽくなってきたね」と言ってもらえたのがとても嬉しかったことを、いまでもよく覚えています。

人生は一期一会

時々、彼の体調が悪いという話は聞いていました。

あるとき、「近くに行くから食事でもしようか？」と誘ったら「いま体調が悪くて」と言われ、結局それっきりになってしまいました。

それから間もなく、Ｆａｃｅｂｏｏｋ上で、彼が亡くなったことを知ったのです。

最後は恵比寿の自宅で、ひとりで亡くなっていたそうです。

わたしは、いたたまれない気持ちになりました。

いまでも彼の命日になると、Ｆａｃｅｂｏｏｋから命日のお知らせが届きます。その日が訪れると、メッセンジャーでの彼とのやりとりを見返して、「あのとき勇気づけられたからいまがある」と初心にかえるのです。

彼はわたしの心のなかに、確実に存在しています。ずっと見守ってくれていたということが、わたしにとって大きな励みになっていました。同い年だったと知ったのは、彼が亡くなったあとのことでした。

人生は一期一会。あっけなく別れがやってくることもあります。いつ別れがあるかわからないからこそ、自分の大切な人にとって、ありたい自分でいられるか。常に問われているのです。

「正しいことをする」
「まっすぐに生きる」
「健康を大切に」
当たり前のことですが、彼の命日が来るたびに改めて思うのです。

潔くあれ

40代になって、強く思うことがあります。

それは「潔くあれ」ということです。

年配者は、何事もなければ、若い人たちより早くこの世を去ります。次の時代を築いていくのは、わたしたちより若手のメンバーたちです。ですから、彼らのために何を残すか、キャリアの終わりを意識して日々過ごしています。

必要なことは伝え、不適切だと思うことは残さない。

責任を持って道を譲るには、そういった潔さが必要なのだと思います。

若手リーダーたちにとっては、いまは希望がない時代に映るかもしれません。しかし、どんな時代であっても、可能性はいつでも無限大です。

怯《ひる》まず、臆せず、勇気を持って、前に進んでほしいのです。

その姿を見て、かならず理解してくれる人がいます。

そして、個性を大切にしながら、「なぜ自分がいるのか」「なぜいまの仕事をしているのか」を語れる状態にしておきましょう。

「なぜ？」に答えることが、人生のビジョンやミッションにつながっているからです。

挑戦は早いほうがいい

わたしは、37歳で代表取締役になったときに、立場が人を変えるということを学びました。

立場が上へ上へと上がることで、必要とされる能力のレベルもおのずと上がっていきます。

理屈でわかっていることでも、知っていることと実行することはまったく違うということを体感し、こんなわたしでも成長することができました。

ですから、**若いうちからどんどん役割を担っていくことが、人を高みにのぼらせてくれる**のだと思っています。

大手企業でも、若手リーダーが輩出されるようになってきました。

ある銀行では、50代前半の人が頭取に就任しましたし、30代の人を支店長に抜擢した企業もあるそうです。ひと昔前では考えられないことです。

年齢よりも、実力や可能性が重視されるようになってきたということでしょう。

わたし自身、はからずも30代で突然、組織の代表を務めることになりました。「まだ早い」と言われることはありましたが、早いかどうかはやってみなければわからないこと。

また、リーダーが務まるかどうかは、成績だけでも判断できないことです。営業のトップが経営者の役割を担えるかというと、そうではありません。

50代になったからできるようになるというものでもありません。

謙虚さや人望、周囲を動かす力、継続力など…トップには総合力が必要です。範囲も多岐にわたります。これらはすべて、体験しなければわからないこと。ですから、挑戦は早いほうがいいのです。

その会社に対する情熱と正しさに対して、ブレがないこと。

それができていれば、リーダーは若ければ若いほどいいと、わたしは思います。

いつまでも挑戦し続ける

40代半ばを迎え、次世代を担う若者たちに何か残したいという想いから、わたしは新しいサービスを始めることにしました。名前は次世代スター支援サービス「Ｓｔａｒ Ｐｉｃｔｃｈ（スターピッチ）」と言います。

お付き合いのある20～30代の若手ビジネスマンのなかには、とてもいいサービスを開発していたり、おもしろい試みをしている人がたくさんいます。
そういった次世代リーダーたちを、多くの人に知っていただく場をつくりたいのです。

具体的には、わたしが運営しているシェアオフィスを会場にして、集客やイベント運営をわたしたちが行い、素晴らしいサービス、おもしろい人をリアルな場所で紹介しています。
今後は、リアルとオンライン、両面での展開に力を入れていく予定です。

たくさんのよき出会いを提供し、人と人とがつながり合う機会を積極的に増やしていきます。

いつまでも、新しいものを生み出し、挑み続けることをやめない環境をつくり続けたいのです。
わたし自身の新たな挑戦も、まだ始まったばかりです。

謝辞

本書を最後までお読みいただき、ありがとうございます。

まず株式会社サイラスコンサルティングの星野友絵さんと遠藤庸子さんへ。お二人との思いがけない出会いから、出版の道が拓けました。企画を立て、本を制作している間、とても心地よい時間を過ごすことができたことに、心から感謝しています。

まるでスクールに通うような感覚のなかで、自分が話したり書いたりするという、いままでにない不思議な経験をすることができました。

かざひの文庫の磐崎文彰さんには、今回、処女作の出版の機会をいただきました。平田啓さんには、ラジオ出演のご縁から、星野さんとの出会いにつなげていただけました。お二人にも感謝しています。

株式会社フェアプレイの木村淳一さま、株式会社シェフズバンクの桑原大輔さま、保険マンモス株式会社の古川徹さま、ＬｏｖｅＭｅＤｏ株式会社の橋本眞史さま。皆さまには経営者としての心得、プロとしての仕事術など多くのことを学ばせていただきました。この場を借りて感謝申し上げます。

父からは、子どもの頃から「座して学ぶ」ことを教えてもらってきました。学ぶことの尊さと、会社経営の試練、挑戦する機会を与えてくれました。母には、現在も元気でいてくれていること、わたしのよき相談相手でいてくれることに、ありがたい思いでいっぱいです。

いま一緒に仕事をしてくれているｗｅｄｏ合同会社の仲間にも感謝します。みんながいてしあわせです。

そして家族へ。いつも一緒にいてくれてありがとう。これからもよろしくお願いします。

結びになりますが、本書を手にとってくださったすべての皆さまの活躍を、心から願っています。**ともに、柔軟に、しなやかに、大きく流れに乗り、どんな時代でも生き残るリーダーになりましょう！**

２０２０年5月　都丸哲弘

都丸哲弘（とまる・てつひろ）

1975年千葉県生まれ。成城大学経済学部卒業後、サッカー用品ネット通販会社にて、年商14億円の売上に貢献。その後、保険の無料相談紹介サービス業に携わる。

2013年に父の逝去を受け、清掃員600名を抱える年商10億円の清掃会社代表取締役に就任。新規事業や、事業コンサルティング業などにも力を入れつつ、古い組織の再編を行う。

2019年に事業の一部を譲渡。「事業をつくり、人を育て、時代を紡ぐ」を理念に、「清く、正しく、美しく、スピーディーに」を行動指針としてさらなる事業に着手。

同年より、シェアオフィス運営、事業コンサルティング業を通じて、若手経営者の育成支援に尽力している。趣味はマラソン、サッカー。

どんな時代《じだい》でも生《い》き残《のこ》る
リーダーの仕事《しごと》

著者　都丸哲弘《とまるてつひろ》

2020年5月30日　初版発行

発行者　磐﨑文彰
発行所　株式会社かざひの文庫
〒110-0002　東京都台東区上野桜木2-16-21
電話／FAX03(6322)3231
e-mail:company@kazahinobunko.com　http://www.kazahinobunko.com

発売元　太陽出版
〒113-0033　東京都文京区本郷4-1-14
電話03(3814)0471　FAX03(3814)2366
e-mail:info@taiyoshuppan.net　http://www.taiyoshuppan.net

印刷・製本　モリモト印刷
企画・構成・編集　星野友絵(silas consulting)
装丁　重原 隆
DTP　KM-Factory

ISBN978-4-88469-985-7